国家出版基金项目
NATIONAL PUBLICATION FOUNDATION

辛亥著名人物传记丛书

章开沅 著

张謇

团结出版社
UNITY PRESS

图书在版编目（ＣＩＰ）数据

张謇 / 章开沅著. -- 北京 ： 团结出版社，2011.8（2022.1重印）
（辛亥著名人物传记丛书）
ISBN 978-7-5126-0405-6

Ⅰ．①张… Ⅱ．①章… Ⅲ．①张謇（1853～1926）—
传记 Ⅳ．①K825.38

中国版本图书馆 CIP 数据核字(2011)第 064164 号

出　　版：团结出版社
　　　　　（北京市东城区东皇城根南街 84 号　邮编：100006）
电　　话：(010) 65228880　65244790　（出版社）
　　　　　(010) 65238766　85113874　65133603（发行部）
　　　　　(010) 65133603（邮购）
网　　址：http://www.tjpress.com
E-mail：zb65244790@vip.163.com
　　　　　tjcbsfxb@163.com（发行部邮购）
经　　销：全国新华书店
印　　装：三河市东方印刷有限公司

开　　本：170mm×240mm　　16 开
印　　张：14.75
字　　数：192 千字
版　　次：2011 年 8 月　　第 1 版
印　　次：2022 年 1 月　　第 4 次印刷

书　　号：978-7-5126-0405-6
定　　价：39.00 元

辛亥著名人物传记丛书
编辑委员会

辛亥著名人物传记丛书
总序言

　　整整一百年前，在中国处于半殖民地半封建黑暗统治的时代，爆发了一场对中国历史发展进程产生巨大影响的革命，这就是以伟大的革命先行者孙中山为代表的革命党人发动的辛亥革命。这场革命，是中国近代历史上一次比较完全意义的反帝反封建的民族民主革命，它推翻了清朝政府，结束了中国几千年的封建君主专制制度，同时沉重打击了帝国主义在华侵略势力。中华民国的建立，标志着中国历史进步的新纪元。辛亥革命极大地推动了中华民族的思想解放，为中国先进分子探索救国救民的道路打开了新的视野，八年后，五四运动爆发；十年后，中国共产党诞生。辛亥革命开启的革新开放之门，对于推动中国社会的发展与进步具有不可估量的历史功绩和伟大意义。

　　以孙中山为代表的革命党人，在开启思想闸门、传播先进思想、点燃革命火种、推动历史进步的过程中发挥了重要作用。他们站在时代前列，为追求民族独立和民主自由而向反动势力宣战；他们不惜流血牺牲，站在斗争一线浴血奋战；他们具有坚定的信念和坚强的意志，愈挫愈奋，在失败中不断汲取和凝聚新的力量；他们适应历史发展的趋势，与时俱进，不断修正前进的方向和斗争的目标。正是因为有了这样一批革命先驱和仁人志士，才有了辛亥革命的爆发，也才有了以此为开端的中国民族民主革命的不断发展和最终胜利。当然，我们在分析评价历史人物时，既要看到他们有超越时代的进步性，又要看到他们不可避免地受到社会客观条件影响而具有的局限性与片面性，这是我们在看待历史人物时应当坚持的历史唯物主义态度，也就是既不文过饰非，也不苛求前人。

几十年来，关于辛亥革命及其重要人物的研究工作不断深入，也陆续出版了大量的图书、画册等，但仍然不十分系统和完整，有些出版物受到时代因素和其他客观条件的影响，难免有失偏颇和疏漏。在即将迎来辛亥革命100周年的时刻，团结出版社编辑出版了本套《辛亥著名人物传记丛书》，并得到国家出版基金的资助，这充分表明了国家对于辛亥革命历史研究的重视。这套丛书的出版，无疑是一件非常有意义的事，既可以对辛亥革命的研究工作起到重要的填补空白和补充资料的作用，同时也是对立下丰功伟绩的仁人志士的纪念与缅怀。

为了保证本套丛书的编辑质量，编辑委员会在民革中央的领导下，做了大量认真细致的组织工作，特别是邀请了著名专家金冲及先生、章开沅先生、李文海先生担任顾问，他们在百忙之中分别对本套丛书的编辑思想、人物范围、框架体例、写作要求等方面提出了重要的指导性意见，成为本套丛书能够高质量出版的重要保证。此外，参与本套丛书写作的，都是在近代历史和人物的研究方面卓有建树的专家学者，他们既有对辛亥革命历史进行深入研究的学术功底，又有较丰富的写作经验和较高的文字水平，因此，我们可以寄希望于本套丛书的出版，会对推动辛亥革命及其重要人物研究工作的不断深入起到重要作用，对弘扬爱国主义、提高民族凝聚力，实现中华民族的伟大复兴产生积极的影响。

周铁农

2011 年 3 月 16 日

目　录

引　言

张　謇

引　言

张謇不是革命家，然而却与辛亥革命发生密切联系。

关键是 1895 年，正是在甲午中日战争之后，中国有三个人做出自己一生最重要的抉择：康有为选择变法，孙中山选择革命，而张謇却选择实业与教育。三者的终极目标都是救国，或许可以称之为殊途同归。

但是在 19 世纪末年，这三个人的知名度却差异很大。孙中山尚未被国人真正认识，在许多人心目中无非是一个"犯上作乱"的逃亡者。张謇虽然以大魁天下赢得广泛仰美，并且以"状元办厂"的壮举感动了中国，但与戊戌变法相比却是小巫见大巫。一度由皇帝亲自主持的"百日维新"与"六君子"的血洒菜市，那才是中国的最大感动，康有为也就因此成为中外瞩目的头号热点人物。

然而随着变法夭折与逃亡海外，以及日趋保守与保皇党内部的纷争，康有为在国内的影响明显淡出。而张謇则凭借兴办新式实业与教育的成功，逐渐取代了康、梁的聚焦位置。张謇虽说不愿做官，但并非不关心政治。他既然进入商界，为了市场的发育与稳定，必然更加关心政治局势的变化。同时也已具备足够的条件参与政治，状元称号、翰林职衔，加上大生资本集团业主，构成他新的社会身份——绅商，并且俨然成为东南地区的绅商领袖人物。他拥有充沛的人脉资源，主要是与两江、湖广等督抚的密切交往，还有前此 10 余年与清流、帝党的深厚情谊。张謇经商并非长袖善舞，参与政治却很善于运用这些社会资源，何况他本身业已成为各界争相延揽的重要社会资源。

1900 年"东南互保"的促成，不仅维护了东南政局与市场的稳定，而且也大大提高了张謇在全国的声望。张謇是历史的幸运儿，庚子（1900）对戊戌（1898）的反动，没有对这个变法同路人造成损害，他不仅隐于市（场）而且兴于市（场）。及至清朝政府迫于形势而不得不宣布预备立宪，康梁仍然作为通缉要犯被拒于国门之外，张謇、汤寿潜、郑孝胥等遂通过预备立宪公会以及各地商会、地方自治团体，连续发动三次全国规模的国会请愿运动。国内立宪派的工作比较扎实，他们进行了多方面的宣传教育与社会动员，立宪的呼声至少在中上层人士中已经引起强烈反响，从而成为当时主要新闻媒体的热点话题。

但是，他们要求的立宪仍然是君主立宪，仍然是把希望寄托于清朝政府自上而下的革新，仍然是害怕革命将会引发社会更大的动乱。然而形势毕竟比人强，革命潮流已经无可阻遏，掌控中央政府实权的皇室集团并未真正接受他们苦口婆心的反复劝说，辛亥革命的爆发终于使君主立宪的梦想流于幻灭。张謇在政治上偏于保守，但绝非顽固，从总体趋势来说堪称与时俱进。他是一个彻头彻尾的务实主义者，曾经劝说地方督抚镇压革命，但终于理性面对现实，迅速顺应潮流接受了民主共和。

张謇参与了上海"惜阴堂"内有关"南北议和"与"民国肇建"的系列密议，但绝对不是随机应变的投机政客。他从1903年访问日本起，就已经认定立宪优于专制，而且决心推动国内的民主法制与地方自治。他反对革命的手段，但不反对革命的目标，并且利用革命时机推进自己所主张的政治体制改革。诚然，他拥袁排孙，也是"非袁不可收拾"的鼓吹者。这除了政见差异以外，更多是取决于双方实力的比较，取决于对整个政治局势的判断，而最终决定于他的企业利益与阶级性格。他曾经对袁世凯的转向共和寄予莫大希望，起先是以在野之身为之"拾遗补阙"，"二次革命"结束未久，他又由在野合作进入在朝合作，就任所谓"名流内阁"的工商总长。他一上任就勤奋地从事制订法令、草拟计划、改良推广等项工作，企图从各方面为民族经济发展创造条件。但袁世凯正迷醉于称帝美梦，怎么可能切实推行这些政策、法令与改良计划，所以大多成为一纸空文。及至袁世凯帝制阴谋公开暴露，张謇遂与袁最后决裂，并且敦促袁世凯尽快辞去总统职务，以平民愤而安时局。袁世凯病死以后，张謇在日记中写道："三十年更事之才，三千年未有之会，可以成第一流人，而卒败于群小之手，谓天之训迪吾民乎？抑人之自为而已。"可见痛惜之深与悔悟之切。

1925年春天，孙中山逝世，南通举办追悼大会，张謇演讲的结语是："若孙中山者，我总认为在历史上确有可以纪念之价值。其个人不贪财聚富，不自讳短处，亦确可以矜式人民。今中山死矣，其功其过，我国人以地方感受观念之别，大抵绝不能同。然能举非常大事人，苟非圣贤而贤哲为之左右，必有功过互见之处。鄙人愿我国人以公平之心理、远大之眼光对孙中山，勿爱其长而护其短，勿恨其过而并没其功，为天下惜人才，为万世存正论。"与上述对袁世凯的评说相比较，张謇对孙中山的话语较少感情因素，而更富理性思考，其目的在于倡导一种良好的社会风气。

1926年夏天，张謇自己也离开人世，却留下一个号称全国模范县的南通。张謇并不在意身后名，他曾自拟生圹墓门联语："即此粗完一生事；会须身伴五山灵。"我愿本书读者，对于张謇其人其事，也能勿爱其长而护其短，勿恨其过而并没其功，为天下惜人才，为万世存正论！

章开沅

辛亥革命一百周年于桂子山麓

张

謇

第一章

年少凌风霜

第一节　游幕生涯

一、少年时代

清朝咸丰三年五月二十五日（1853 年 7 月 1 日），张謇出生于江苏海门常乐镇一个富裕农民兼小商人的家庭。当时谁也没有想到，这个穷乡僻壤的农家子弟，以后竟会中了状元，并且投身实业、教育，成为中国近代化的开拓者之一。

张謇的祖上是江苏通州（今南通）人，原来是个比较富有的地主家庭。到祖父辈因为"不治生计"和纵情赌博，才把家产败尽。张謇的祖父名朝彦，在穷困潦倒之余入赘于吴圣揆家。吴圣揆原在通州金沙开一爿小瓷货店，后来迁到海门常乐镇。朝彦除租种几亩田以外，也兼了瓷器贩运。据说，生意最好的时候，经常雇来挑运叫卖瓷器的工人有十几个之多，可见逐渐富裕起来。

张謇出生的时候，已经是在第一次鸦片战争爆发十多年以后；而在此不过三个多月以前，太平军刚刚定都于金陵。由于僻处江北，通州、海门一带，在鸦片战争以后十多年当中，既未受到战争烽火的直接损害，也未受到外国商品倾销的直接侵袭，基本上保持着千百年来的古老滞缓状态。但是，自从太平军进逼江南以后，大批江浙、皖南的地主和商人，把邻近上海的通海地区看作世外桃源，他们的纷纷到来，增进了这个偏僻地区与外界的经济联系。父亲张彭年的家庭经济正是在这些年月里获得明显的改善，据说他已能借些钱经由上海到宁波做生意了。

扶海坨内尊素
堂,张謇的出生地。

　　几个孩子当中以老四比较聪明,所以张謇自幼至长便得到读书的机会。起初是入邻塾从邱畏之先生学习,到十岁已经读完《三字经》《百家姓》《神童诗》《酒诗》《鉴略》《千家诗》《孝经》《大学》《中庸》《论语》《孟子》《诗经》等书。乡村塾师无非是令学生死记硬背,教属对不特不讲究四声,连平仄声也不区分,可见相当平庸。彭年深知自己这样的小户人家若想提高社会地位,只有命子弟走科举入仕这条道路,所以在张謇十一岁时那年,他咬紧牙关,另请宋蓬山先生来家授读。这位宋先生已五十多岁,是个屡试不中的老秀才。他检查张謇弟兄学业,发现“音训句读多误”,命他们从《大学》《中庸》《论语》《孟子》开始,尽换新课本重读。有时结合《三字经》《四字鉴》《千家诗》为学生讲历史故事,教属对则授以四声。张謇的学业有所进步,又读了《诗经》《尚书》《易经》《孝经》《尔雅》《礼记》等书,学习做五七言诗、试帖诗,到十三岁那年居然能够“制艺成篇”了。

二、冒籍风波

　　同治七年(1868),张謇十五岁就开始进入科举试场。

试卷封首上的浮票

通州旧俗，家庭三代均无人入学为生员者，称之为"冷籍"，子弟应试往往要受到学官与保人相互勾串的多方勒索。张謇的家庭自然属于"冷籍"，为避免入场前后的种种刁难敲诈，经他人介绍冒充如皋人张驹的孙子，并改名育才在如皋应试。这当然是需要报酬的，许院试录取，酬以钱二百串。此类事当时不足为怪，而且索取价值不高，所以彭年父子便一一照办。

张謇初上考场，县、州两试居然顺利通过。但是州试成绩欠佳，取在百名以外。老师督责甚严，大骂说：如果有一千人应试，定额录取九百九十九，唯一不取的那个人必定是你。张謇羞惭至极，在住宅的窗户和帐顶上"并书九百九十九为志"。睡觉时在枕边系两根短竹，夹住自己的辫子，只要翻身牵动辫子，惊醒立即起来读书。每夜读书"必尽油二盏"，看见"九百九十九"往往泪下如雨。夏夜多蚊，便在书桌下摆两个坛，将双脚置于坛中。经过发愤准备，院试果然被取中第二十六名附学生员，获得了秀才称号。彭年一家人的欢喜自然是难以形容。

张謇在科举道路上迈出了第一步，但人生的忧患也随之降临。原来张驹及其弟张驷、侄张镕都相当狡诈，除索取"学官认派保廪生贽及其他费银一百五十元"外，又到彭年家坐索八十元，还要二百二十元约券作为酬谢。其他乘机敲诈者亦纷至沓来。

从同治七年（1868）到十二年（1873），张謇全家受尽敲诈凌辱之苦，不仅经济上遭受严重损失，而且多次被张镕等人串通学官、董事反诬陷害。张謇十九岁那年因为害怕被如皋县官吏拘押，穿着破鞋，手执灯笼，深夜冒风雨仓皇出城逃走。

19世纪中叶，特别是太平军起义以后，清王朝的统治面临严重危机，在武力和金钱两方面都急需各地的支持，因此下层群体往往可以通过"军功"或"捐纳"向上层群体进行有限的渗透。张謇既未当兵作战，又缺少足够金钱，他只能以苦读与品格来显示自己的价值，谋求赢得上层群体的识拔与结纳。王崧畦与海门训导赵菊泉、通州知州孙云锦相继察觉张謇的潜在价值，他们最先向这个朴实勤学的农家子弟伸出了援救之手。由于这些正直的地方官员的帮助，并且得到江苏学政彭久余的同情，其间又几经周折、几经磨难，直到同治十二年（1873）才经礼部核准"改籍归宗"，总算了结这场无妄之灾。

张謇家庭虽然号称小康，但底子本来就很单薄，经过这番洗劫性的勒索花费，负债达一千两之多，已经濒临倾家荡产的边缘。但是，对于张謇进入士人群体来说，倒也具有突破性的收获。一是取得上述若干地方官员（主要是学官）的赞赏，开始得到上层人士的援引。二是结识了一批同案生员，如通州范当世，海门周家禄，如皋顾锡爵、黄毓龄、陈国璋等，扩大了交游面。三是在科举训练方面也有某些进益。同治十年（1871），张謇开始求教于海门训导赵菊泉，学业自是益进。这年科试，果然取中一等第十五名，取得参加乡试中举的资格，张謇在科举道路上又前进了一步。而更为重要的是，张謇从此走进了社会，并且大大增进了对这个社会的了解。

三、客幕之始

同治十三年（1874），张謇 21 岁。当时孙云锦已调任江宁发审局，念张謇家贫，便邀他任书记。这是张謇游幕生涯的发端。

对于张謇这个孤陋寡闻的乡村知识分子来说，江宁当然是一个更为广阔的天地。发审局书记的公务不多，张謇主要是伴同云锦的两个儿子读书。江宁是东南文化中心，四方人才荟萃，几个大书院的山长都是国内知名学者，如钟山书院山长临川李小湖、惜阴书院山长全椒薛慰农、凤池书院山长武昌张裕钊等。张謇如饥似渴地向这些名师学习"治经读史为诗文之法"。其中以桐城派大师张裕钊对他的影响最大，此后，张謇的治学逐渐摆脱制艺文章的狭隘格局，接受当代桐城派合义理、辞章、考据为一炉的宗旨。

张謇在江宁扩大了自己的社交圈，结识了许多有声望的师友。士人群体终于承认和接纳了这个来自低层的农家子弟，张謇也自觉而勤奋地力求适应这个群体环境。

这年冬天，张謇回家探亲，带回所得俸银一百两作为还债之用。彭年夫妇甚为欢喜，把银子供奉在祖先牌位之前，叹息说："通海乡里，老师宿儒，授徒巨室，终岁所得，不过如此，汝何能一出门即得之？"老四已经成人自立了，江宁虽然距离通海地区不过两百多公里，但在乡下人眼里仿佛是另一个世界。旧俗送灶或曰过小年的前夕，张謇迎娶海门徐氏，这是一家破落地主大户的女儿，俭朴而又贤淑，两人婚后的生活十分融洽。

光绪元年（1875）二月，张謇仍回江宁发审局。公务轻闲如故，但同僚间的气氛已不如过去协调，时时可在辞色中感受到讽刺。但这已不再属于士人群体的外向排斥，无非是它内部的嫉贤妒能。好在反正没有多少文书需要处理，张謇干脆借住惜阴书院读书，避开无谓的人事纠纷。次年四月，应科试，经古制艺正覆，四场皆第一，补廪膳生。眼看着就可取得参加乡试的机会，他却"不应优行试"，自己放弃了机会。原因是学官要求"先具挚（送礼）而后举"，张謇却坚持"未举义不当先挚"，这是正统儒士自我标榜的操守，也是所谓可免于谄的"贫贱之骄"，而时人却往往讥之为古板。

四、投入庆军

光绪二年闰五月（1876年六、七月间），张謇入庆军统领吴长庆幕府，时年23岁。

早在去年春天，张謇即已经由孙云锦介绍，结识驻军浦口的吴长庆。张謇避居惜阴书院期间，吴长庆曾有意延揽，邀张謇到军营中小住，并把他的文章送请名流审阅，极力加以奖掖。入幕以后，吴长庆对这个青年文士优礼有加，在自己住宅后面筑茅庐五间，作为张謇读书和起草文稿的处所。俸银也增加了，从江宁发审局的每月十两提高到每月二十两。这些都表明张謇的声望和地位又有所增进。

张謇之所以投身庆军，不仅是期望辅佐吴长庆成为"高勋照图丹"的第二个曾国藩，同时也未尝不想借此攀登更高的梯级。不过，从光绪二年闰五月（1876年6月）到六年四月（1880年5月），四年之间幕府生活都是闲适而又平静的，张謇除处理一些日常文字工作以外，还可以继续向张裕钊习作古文，再就是师友之间的酬应唱和。其间，他曾多次应试，虽然科试、会考成绩优异，博得沈葆桢、夏同善等颇有声望的督抚和主考官员的赞赏，但是乡试仍未能获捷，连举人的名号都难以求得。

光绪六年（1880）春天，吴长庆升授浙江提督，并奉命入京陛见，张謇等随行。张裕钊因事往济南亦同行，在颠簸的骡车中掌握牙管悬空练习书法，前辈这种"专勤"的精神使张謇终生难忘。

但就在这一年，海陆边情同时吃紧，俄国在伊犁交涉中，日本在琉球问题上，都采取强硬的侵略政策。法国加强吞并越南，并且窥伺中国领海。日本则在《江华条约》基础上继续插手朝鲜，直接威胁中国东北。正是在这样的形势下，吴长庆于冬季调补广东水师提督，奉命帮办山东防务。庆军留六营于浦口、下关、吴淞，移六营驻山东登州、黄县。张謇随军去登州，驻防风云变幻的渤海湾。"微闻玉帛方修好，却倚危阑日听涛。"（《驻军蓬莱阁呈节使》）他在风景佳妙的蓬莱阁上凭栏远眺，但见海涛汹涌，水天相连，心事浩茫，感奋不已。

然而战事毕竟没有马上爆发。尽管张謇等人协助吴长庆"并海周视"去济南与山东巡抚商议防务，但并没有完全实现海防部署。清王朝的实权掌握在恭亲王奕䜣和北洋大臣、淮系领袖李鸿章等人手中，当权者宁可出让领土主权以换取虚假的和局。蓬莱军中的岁月显得异样地悠闲，明代抗倭名将戚继光所筑水城故垒任凭惊涛拍击。张謇在百无聊赖中阅读了《老子》《庄子》《管子》，并且与友人时相唱和。"锦衣仗节空都护，墨经临边有上卿；坐使积薪仍厝火，牺牲玉帛任寻盟。"（《重有感》）他只能借诗文发泄对误国权臣的憎恨。

渤海湾表面上的平静态势终于被朝鲜的突发事变搅动了。光绪八年（1882）夏天，朝鲜爆发了反抗封建势力和日本侵略者的"壬午兵变"，日本乘机派遣军舰进抵仁川，逼迫朝鲜政府赔款，并且签订新的不平等条约。朝鲜国王请求清朝政府出兵援助，斗争于是又扩大为中日之间的冲突，形势更为紧急而又复杂。这时，李鸿章正因母丧"丁忧"，北洋大臣和直隶总督暂由张树声署理。张树声倾向于对日本采取比较强硬的对抗政策，于六月下旬邀吴长庆到天津，张謇随行，共商如何应付当前事变。吴长庆旋即奉命率军赴朝，张謇则协助"理画前敌军事"，手书口说，夜以继日，初次显示出在紧急事变中镇静应对和勤苦办事的良好素质。

庆军于七月三日出发，距奉命赴朝不过七天。四日，张謇随吴长庆乘威远舰自登州至烟台，与其他四艘舰艇会合。由于大风，在威海卫停泊，六日始启碇东渡。九日登陆，经鱼麟川、果川、水原府，十二日渡汉江，驻扎在距汉城仅七里的屯子山。中朝两国唇齿相依，本应共同反抗外国的侵略，但清军长期驻留并且协助朝鲜封建统治者镇压人民起义，造成某些消极后果。

庆军在朝鲜一直停留到光绪十年春夏之交。在一年多期间，中国政府内部出现主战、主和两派分歧。张謇作为吴长庆的主要幕僚，曾参与庆军历次重大决策，并且撰写《壬午东征事略》《乘时规复流虬策》《朝鲜善后六策》等政论文章。这些文章流露出浓厚封建"上国"的错误思想和情绪，但也表现出对于中国自身民族危机日渐严重的深沉忧虑。由于李鸿章主和论调已在政府中占优势，张謇经由吴长庆积极献策未能获致任何结果。当时支持吴、张建议的，除潘祖荫、翁同龢、宝廷外，还有左宗棠、彭玉麟、张之万、张树声、夏同善、张之洞等。情况很清楚，当权的慈禧和已经处于主流地位的淮系集团宁愿坐视日本侵占朝鲜，以求保存自身实力和统治地位的稳固。而与淮系对立的湘系头面人物，以及属于清流派的一些官员，则鼓吹强硬对日政策以打击淮系，并且谋求抬高自身的社会声望。

张謇曾劝吴长庆"筹所以救之而去就争之"，但吴在李鸿章压制下进言不纳，求去不得，终于成为派系纷争的牺牲品。张謇察觉庆军前景黯淡，态度渐趋消极。光绪九年（1883）秋，他已把哥哥张詧荐引到庆军幕中，准备行"金蝉脱壳之计"。这年冬天，他提前回到家乡，专心料理家庭和乡里有关事务。次年（1884）春，朝鲜和越南局势同时吃紧，中国东北和南方边疆也同时面临外来侵略的威胁，京师政局发生重大变化，以李鸿藻为首脑的北派清流（亦称前清流）受到严重打击。恭亲王奕䜣、武英殿大学士宝鋆、协办大学士兼吏部尚书李鸿藻、兵部尚书景廉、工部尚书翁同龢分别受到罢职、降调或谕令休致的处分，统统被排挤出军机处。换上来的一批军机大臣如礼亲王世铎和工部左侍郎孙毓汶等，大都是更为昏聩无知的王公和阿谀趋奉的腐败官僚，而在军机处以外为之枢纽的则是慈禧的小叔子兼妹夫醇亲王奕譞，也就是年幼皇帝的生父。这是张謇第一次亲身感受到朝廷内部纷争的震波，因为斗争的结局将直接影响到他所栖身的庆军的命运。张謇迟迟没有回到军中，直至四月吴长庆调防奉天金州并来函催促，他才从上海循海路返回庆军幕府。及至赶到金州，长庆已经抑郁病重，闰五月二十一日吴长庆逝世，张謇为之料理后事。时庆军已分二支，朝鲜、金州各三营，前者由提督吴兆有继统，后者由提督黄仕林继统，逐渐失去自身的特点。

长庆死后，幕府宾客星散，而且行前多向粮台索取银钱，未能如愿即攻讦粮台，甚至迁怒为粮台辩护的张謇，完全不顾宾主之间多年的厚重情谊。张謇早就对世态炎凉、利尽交亡的社会现象有所认识，曾对友人说："观人于不得意时，于不得意而忽得意时，于得意而忽不得意时，经此三度，不失其常，庶可谓士。"现在目睹这幅尔虞我诈的世情图，他的内心自然更为愤懑。而在这些势利小人中，张謇最为恼怒的则是吴长庆生前爱之甚深望之甚切的"世侄"袁世凯。

袁世凯（1859—1916），河南项城人，字慰亭。其叔祖袁甲三以镇压捻军官至漕运总督，生父保中亦参与举办团练。世凯自幼过继给甲三之子保庆为嗣子，而保庆又曾与吴长庆"订兄弟"之好。袁世凯是个骄奢淫逸的纨绔子弟，因事被乡里所不容，于光绪七年（1881）带其家旧部数十人前来投奔庆军。他原以为长庆督办海防用人必多，可以凭借"世谊"得到破格提拔。但长庆当时受到妥协势力阻抑，防务计划无从展布，所以只把世凯留在营中读书，并请张謇指点制艺。不久，长庆命世凯帮办营务处差使，目的是让这个少不更事的世家子弟在办事中增长才干。光绪八年（1882），庆军奉命赴朝，因幕客多离军参加乡试，张謇筹措前敌事务苦于缺少帮手，请求长庆将世凯留在前敌曹务处效力。袁世凯读书虽然不甚了了，办事却颇为精明能干，更善于揣摩他人心理，既能慷慨而谈，又似谦抑自下，入朝鲜后表现得亦颇为勇敢，因此得到吴长庆和张謇的器重。三年之间，袁世凯由食客而委员，由委员而营务处，由营务处而管带副营，并被奖叙五品同知衔，可说是步步高升。世家子弟少年得意，渐渐滋长了野心与傲慢，待人接物的态度很快就发生了变化。所以张謇曾讽刺说："謇今昔犹是一人耳，而老师、先生、某翁、某兄之称，愈变愈奇，不解其故。"长庆归国后，留袁世凯代管庆军驻朝三营，还不到两个月他就自行巴结李鸿章，"一切更革，露才扬己，颇有令公（长庆）难堪者"。张謇知人论世多用儒家伦理标准，立论着眼点并非袁的"更革"效果，而是其自我表露的动机和对待旧主是否恪守道义。所以，光绪十年四月，他与朱铭盘、张詧联名写信痛责袁世凯："……胸中既恃家世，又谓二十许人作营务处营官，姓名见知于一新办洋务之宰相，是旷古未有之事。又有虚侨者、浮检者、圆熟者、庸恶陋劣者左之右之，颂功述德，务求合乎司马（指袁世凯——引者）之所乐。而司马亦遂志得意满，趾高气扬，而又不顾蹈于不义。"（《与朱君曼及叔兄致袁慰亭函》）张謇不久即与袁世凯绝交，直到二十多年以后才恢复关系。

第二节　经营乡里

一、场屋蹉跌

张謇于光绪十年（1884）七月二十一日返抵家园。事情也真凑巧，九月十四日《申报》又传来了张树声病逝于广东军次的噩耗。张树声与吴长庆一样，都是张謇非常敬重的爱国将领。在张謇以后的诗文中，常把他们的相继死亡归因于李鸿章的压制和对国事的忧愤，心情愈加抑郁。

就在这一年，中法战争爆发，朝鲜又发生"甲申政变"，东北与南部边疆的局势同趋严重。张謇对形势仍然关心，但多限于在信函中发表一些空泛的主战言论，并没有多少具体建议。不过张謇的声誉倒确实提高很多。朝鲜名士金允植赞许说："当今用人之时，如吾先生之才，谁不欲以礼致之？"另一桐城派大师吴汝纶的评价更高："执事声实久已倾动一时。"经过长期的游幕历练，加以一贯勤奋读书，张謇在学识和干才两方面都有优异的表现。特别是赴朝以后，在军事和外交两方面都积累了经验，更使他超越于一般科举文士，逐步跻身当代名士的行列，张謇在士人群体中又上升一个梯级。但他在思想上却难以超越"学而优则仕"的传统格局，因为直到19世纪末年人们仍然习惯于把科举视为"正途"。张謇至少是囿于孝道，遵从父命，在回乡以后十年间一次又一次经历了场屋的蹉跌。

张謇对于自己的制艺水平也相当自信，他曾对友人表示："明年当入都，挟吾所素业，刻励以求于世，观其合否？"果然，他在光绪十一年（1885）四月由上海乘船北上，赶到京师参加顺天乡试。九月乡试发榜，张謇以第二名录取。张謇自从 15 岁考中秀才，前后经过 17 年断断续续的试场折磨，直到 33 岁才取中举人，其心情的兴奋喜悦可想而知。

但是，张謇的科举生涯也并非从此一帆风顺。他在光绪十二年、十五年、十六年、十八年先后四次参加礼部会试，结果都是名落孙山。从同治七年（1868）到光绪十八年（1892），总共 25 年的时间，历经县、州、院、乡、会等各级考试 20 多次，其中直接消磨在考场中的时间总计共达 120 天之多。考试一次又一次的失败不能不使张謇灰心丧气，并且对空洞陈腐的八股制艺感到厌倦。张謇确已心灰意懒，连常用的那套考具也扔掉了。19 世纪 80 年代以后，科举制度已经与逐渐发展的近代经济、文化相抵触，并且对许多有见识的知识分子失去吸引力。张謇的经历从一个侧面反映了这个趋向。

张謇在试场上虽然连遭挫折，却在这些年与南派清流迅速结合起来，从而获取了另一处进取的机缘，并且终于使自己进一步卷入政治派系斗争的旋涡。当然，个人与政治派系的结合，往往都有一个相互试探、观察、理解、认可的过程。张謇与南派清流的初期接触，一直可以追溯到 19 世纪 70 年代末年，而最重要的结果则是他开始得到翁同龢等知名度甚高的若干大人物的赏识。

翁同龢（1830—1904），江苏常熟人，字声甫，号叔平，出身显宦世家。咸丰六年（1856）以一甲第一入翰林。光绪元年（1875）受命在毓庆宫授读，并曾任刑、工、户部尚书，加太子少保衔，协办大学士，两度任军机大臣，是载湉"眷倚尤重"的帝师枢臣。他与李鸿藻都是清流前辈。中法战争以后，以李为首的北派清流（北方人居多）渐趋没落，翁同龢、潘祖荫等联袂而起，极力结纳一些长于政治评论的士大夫，形成所谓后清流。由于其中以江浙、福建籍人士居多，所以又被称作南派清流。他们是统治阶级当中不甚当权的一部分，对于日益加深的外来侵略具有某种程度抵抗的意愿。由于中央和地方的政权主要掌握在那拉氏和淮系手中，所以他们把希望寄托在年轻

1889 年张謇与好友著名学者沈曾植、刘世衍合影。

好学的光绪皇帝身上，幻想在某一天政权会转移到载湉手中，逐步实现他们革新内政、抵御外侮的抱负。

南派清流开始注意张謇并加以扶植，是在 70 年代末。由于翁同龢的家乡常熟与通州隔江相望，所以他很早就把张謇作为乡里的后起之秀加以奖掖。光绪五年（1879）夏天，张謇得到主试官吏部侍郎夏同善的赏识，被录取为科试第一名。夏同善是浙江仁和人，曾与翁同龢一起在毓庆宫教小皇帝读书，是南派清流头面人物之一。同善死于光绪六年（1880），继任者是浙江瑞安人黄体芳。黄以"忠鲠敢言"知名，与其子绍箕、侄绍第都是翰林出身的清流健将。他对张謇也是奖掖备至。当时张謇连举人的头衔都没有，南派清流之所以如此垂青，除了重视他的品格与才识以外，恐怕还有加强联络吴长庆的用意。因为清流无非是具有官僚身份的书生，他们手头无兵无勇，所以极力拉拢，支持吴长庆和张树声，而这又提供了张謇与南派清流结合的历史机缘。

光绪十一年（1885）春夏之交，张謇到京师参加顺天乡试，又结识了黄绍箕、沈曾植、盛昱、丁立钧等，这些人都是翁、潘门下的清流名士。张謇乡试高中，更使清流们感到欣慰。据张謇以后回忆："九月十一日，听录，中第二。潘、翁二师期许甚至。翁尚书先见予优贡试卷，试前知余寓距其宅不远，访余于庙（张謇寓于关帝庙——引者）。余一答谢。潘师命为《乡试录》前序，翁师命为后序。"（《啬翁自订年谱》）此后，张謇与翁、潘正式形成师生关系，与清流的结合更进了一层。

二、社会活动

但是张謇毕竟是一个有抱负的爱国士大夫，他不同于一般单纯醉心于功名利禄的庸俗士人。重视农事经营的家庭教养，经世致用的传统继承，冒籍风波和试场蹉跌的刺激折磨，尤其是十年游幕生涯的实际锻炼，使张謇成为一个务实、进取、事业心很强的人才。他的不断应试，与其说是为了追逐功名，倒不如说是谋求成就一番事业的手段。他的局限是囿于传统成见，把动机看得比效果更重，而手段则必须服从个人的操守。他谢绝吴长庆的代为捐纳，又坚辞张树声的专折特保，用意都在于保持"学而优则仕"的纯正。张謇把自己离开庆军回到家乡称作"归隐"，那无非是一种解嘲式的自我慰藉，以此在心理上弥补考场失意带来的某种空虚。在此期间他的许多诗文确实颇有田园风味，但这多半出于传统的格调和表象的模拟，他的情趣素质缺乏真正的闲适与恬淡。他的"归隐"是积极的，是在军营和试场以外的另一个天地里施展才能，期望为故乡多少办成几桩事业。

当然，必须看到，张謇也具备了在家乡办事的身份和条件，因为他的家庭经济与社会地位都有明显变化，他已经跨进地主阶级中间绅士这个群体的门槛。从光绪十一年（1885）到光绪二十年（1894），张謇"经营乡里"

主要是办了以下几件事：

首先是办理通海花布减捐。

张謇由于家庭经商的原因，与通海地区的商人关系比较密切，因此对厘捐的危害也比较敏感。早在光绪九年（1883），张謇已与通州最大的恒记布庄老板沈燮均（敬夫）合作，联络各处花布商人，请求政府减少厘金征收数额。频繁的减捐活动虽然未能取得实际成效，却使张謇对厘捐的危害认识得更为深切。他曾向学使黄体芳陈诉："国家中兴以来，二十有余年，一切取给于厘捐，天下骚然，厘金遂为冗官、秕士、游民之窟。论者至谓舍厘捐不可以国，謇谓欲固国必去厘捐。"从要求减捐进而要求废除厘金，并且把国家利益与商人利益联系起来，甚至把废除厘金提高到巩固国基的高度来认识，这说明张謇的思想在一定程度上已经突破重本抑末的陈旧格局。

其次是提倡改良和发展蚕桑事业。

通海地区农家本无养蚕习惯。光绪十二年（1886）春，张謇协助父亲集资购买湖州桑苗，到处劝乡人赊购，并且分送《蚕桑辑要》。次年春，他又亲自带领家人育蚕，并陆续向乡人分送柏秧、槐秧和油桐子。不久，他约同一批人请求海门厅同知广为劝谕兴办蚕桑，但却没有料到民间反应竟是非常冷淡。求助于官府既然无效，于是他们又转向"议仿西法，集资为公司，市桑秧，听民诣领。记其数若居处，不取值，三年后叶可供蚕，计树本加息二分责偿"。这个办法本来可行，却由于缺乏资金而未能实现，结果仅仅是买来几千颗桑苗散卖给乡人种植而已。

经过四五年苦心提倡，通海地区蚕桑事业仍然毫无起色。症结何在？原来这个地区手工缫丝业极不发达，农家新茧上市时只有少数丝绵店用重秤压价收买很少一部分，形成"丝不成市"的冷落局面。如果运到上海、苏州贩卖，沿途又要受到厘卡重重盘剥，十有八九都以蚀本结束。这些不利因素，自然要妨碍农家养蚕种桑的兴味。

张謇察觉这又是厘捐造成的恶果，便在光绪十八年（1892）邀集一批人，吁请两江总督免除丝捐十年以兴蚕利。经过很多波折，总算勉强达到目的。随后，他又劝说州县官就地招商开行收茧。到光绪二十二年（1896）为止，通海地区先后设立三个茧行。生丝本来是当时出口货物之大宗，通海一带蚕茧业经免捐设行、放价争收，迅速趋于发展。两年之间，通海一带增植桑树不下百万株，泰兴、如皋、靖江等地也接踵而起，形成一股小小的兴办蚕桑热潮。

正在蚕业大兴之际，新任江苏厘捐总局总办穆克登布见利眼红，立即背信推翻丝捐成案，严厉督饬丝商补交历年已经免除的丝捐。丝商怨愤交加，甚至想缴贴闭行以示抗议。光绪二十三年（1897），海门同知唯恐蚕农由于失去生计而奋起反抗，恳劝丝商按去年价格的十分之三收购上市蚕茧，才算勉强渡过难关。可是，丝商的损失又转嫁到蚕农身上，严重损害了农家养蚕的积极性。

提倡蚕桑的失败使张謇深受刺激，他悻悻然向朋友大发牢骚："夫今日官司之贼民，不足奇也；所奇者，不知民为谁何之民，而官以为贼民乃可效忠。"对官府的不满溢于言表，但根本立场仍是忠君爱国。

三、教书与著述

不过，"经营乡里"并非张謇在甲午前十年生活的全部内容。我们不要忘记，张謇毕竟还是一个比较清寒的落第士人，在此期间他没有固定的职业，没有固定的工作，也没有固定的处所，除了几度进京应试以外，还得到处为全家的衣食奔波。

光绪十一年（1885）春，他曾一度寄食于江宁知府孙云锦处，帮助做点校阅府试考卷之类杂事。十三年（1887），孙云锦调任开封知府，再次邀请张謇随同赴任，主要是协助治河救灾。八月中旬，黄河在郑州东石桥决口，堤破三十余丈，很快就扩大到二百余丈。黄河洪水夺道汴、颍、汝、涡下灌，横溢四五十里，无数灾民四散逃跑。河工人员李祁贪污卑劣，民愤已久，被人剖腹投于河中。张謇奉命乘舟经中牟二三堡察看水势，发现残堤所存防水材料大多已被洗劫一空，灾民以柳枝遮蔽栖息堤上，人畜死亡无算。黄河自古经常泛滥为灾，到清代中叶以后，由于河工腐败年久失修，决口后果更为严重。张謇目睹这些悲惨景象，心情十分激动，回来向孙云锦报告灾情时不禁泪下如雨。九月，应河南巡抚倪文蔚之请，代为拟订治河方案《疏塞大纲》，并主张采用疏浚机器施工，但主事者囿于陈旧河工传统，未能加以采纳。张謇痛感"河患终无衰止之日"，于十一月中旬离开河南，冒大风雪乘船回家度岁。

此后张謇转而热心于教书与著述。光绪十四年（1888）春应聘主持江苏赣榆选青书院并兼修县志，曾"求宋、明、清名志读之，殆十之六七"。同年亦曾应太仓知州邀请，商谈修志体例。十七年（1891）参与修东台县志。十九年（1893）又由盛昱推荐，应崇明知县聘请，主持瀛州书院。

在张謇一生当中，甲午战前这十年是他侧重于致力学术著作的时期。先后写成《释书谱》（1884）、《说文或从体例错出》（1886）、《蜀先主论》（1887）、《赣榆县志序》、《赣榆释》（1888），《不穀不仅诸侯说》、《督抚提镇即古诸侯说》（1889）、《周易音训句读》（1891）、《迻建象山书院》等。当然，由于张謇主张经世致用而且志趣始终集注于实际事务，所以除县志和《周易音训句读》外，其他都很难说是系统学术研究。不过通过上述学术活动的若干特点，可以看出张謇的思想正在发生微妙的变化，尽管在甲午战前这种变化还是很有限度的。

第三节　夺魁幕后

一、状元及第

　　甲午这一年（1894）正好碰上"慈禧太后六十万寿"，举行恩科会试。彭年已 76 岁，急于亲眼看见儿子金榜题名光宗耀祖，几乎是恳求张謇再往应试："儿试诚苦，但儿年未老，我老而不耄，可更试一回。"张謇不敢违背父命，但已怯于上场，因此迟迟启程。二月二十三日到北京，连考试用具都是"杂借自友人，榜发之前，不听录"，可见心绪之懒散。但不料礼部会试竟然取中第六十名贡士，三月礼部复试又取中一等第十名，取得参加殿试资格。

　　四月二十二日殿试。张謇的崇拜者曾编织了种种神话的花环来渲染他的状元及第，实际上在关键时刻还得靠清流领袖们的扶掖。殿试阅卷大臣共八人，即张之万、麟书、李鸿藻、翁同龢、薛允升、唐景崧、汪鸣銮、志锐。殿试策问共四道题，包括河渠、经籍、选举、盐铁，张謇不敢"自道其心所明，自见面目"，统统按朱子学说应对。翁同龢这次志在必得，命令收卷官（"收掌"）坐候张謇交卷，然后直接送到自己手里。匆匆评阅之后，立即得出"文气甚老，字亦雅，非常手也"的结论。二十三日清晨他找李鸿藻等商议，结果除张之万外其他阅卷大臣都赞成把他选中的卷子定为前十名之第一。二十四日，阅卷大臣捧前十名试卷进入乾清宫西暖阁，由麟书按事先议定的名次拆除弥封，并逐一奏陈姓名，第一名果然就是张謇。翁同龢特别介绍说："张謇江南名士，且孝子也。"皇帝甚为高兴。清流派一无兵二无钱，他们只能采取这样迂缓的办法，利用自己主持科举取士的有限权力来增强本集团的声势。

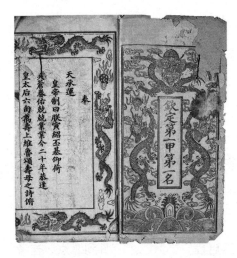

张謇高中状元时的殿试卷

张謇与其他新进士这天五更便伫立在乾清门外等候宣召，喜悦、兴奋而又夹杂着焦急。宫内显得异样静寂，时间似乎流逝得特别缓慢，但终于看见八位阅卷大臣出现在丹墀之上，并且传来了拖长腔调的宣呼——张謇以一甲一名引见。状元及第，这是科举士人最高的荣誉，张謇经过26个春秋的坎坷曲折，终于在已逾不惑之年达到了自己的目标。张謇的心情是复杂的，一股迟暮之感陡然袭来。他在当天的日记上写道："栖门海鸟，本无钟鼓之心；伏枥辕驹，久倦风尘之想。一旦予以非分，事类无端矣。"次日，光绪皇帝御太和殿传胪，"百官雍雍，礼乐毕备"，仪式更为隆重。张謇被授以翰林院修撰，他终于获得官员身份。然而他的事业心已经逐步形成，其志趣已不在于功名利禄。特别是彭年在九月病逝，他有感于"一第之名，何补百年之恨；慰亲之望，何如侍亲之终"。从此做官更趋淡泊。

二、帝后党争

但是张謇对待人生的态度始终是积极的，爱国之情也始终炽烈。甲午战争爆发前后，他在京师一度成为政治上极为活跃的人物。在帝党中间，张謇由于官阶限制，还没有具备直接向皇帝呈奏的资格，只能通过翁同龢转达自己的主张。但是因为他有与日本侵略者直接抗衡的政治经验，而且十多年来一直以日本为对手研究军事和外交的对策，所以在帝党中间成为重要决策人物之一。甲午战争爆发以后，慈禧为了缓和舆论的愤激，在主战、主和两派之间寻求平衡，先后起用翁同龢、李鸿藻等入值军机，而翁在孙毓汶病免后便位居汉人军机大臣之首，这就更加显示出张謇作为帝党决策人的重要性。

从这年六月到九月，翁、张之间书信往还极为频繁，通信内容主要是讨论中日战争对策问题。归纳起来，要点如下：

一、六月底以前，主要是建议加强战备，起用湘系宿将和刘永福等爱国将领，极力推动清政府对日宣战。

二、七月一日清政府正式对日宣战以后，主要是建议拨"庆典"款项电购铁甲兵舰，派舰船进援叶志超军，加强渤海防务，预防日军偷袭京、津等。

三、八月以后，随着战事的节节失败，统治集团内部争吵更趋激烈，翁、张等积极策划推倒淮系头子李鸿章，要求起用奕䜣以谋进一步抑制后党势力。

翁、张之间这些密议绝不是孤立的，它是整个帝党活动的一个组成部分。帝党在甲午战争期间的主要攻击目标是李鸿章。早在六月底，张謇已经一再建议严惩李鸿章。七月中旬以后，随着战局的严重恶化，翁同龢与张謇、沈曾植、沈曾桐、丁立钧、黄绍箕、文廷式等频频密议。终于经由珍妃胞兄志锐出面，奏劾李鸿章衰病昏庸。

八月中旬以后，黄海之战遭到挫折，日本侵略军的凶焰很快就蔓延到中国东北边境。与此形成鲜明对照的是，宫廷中仍然歌舞升平，为那拉氏六十寿辰的"庆典"挥金如土。八月十五中秋,慈禧在慈宁宫举行"加徽号礼",群臣毕集,酒宴听戏,行礼如仪。第二天又在太和殿举行更为隆重的"庆贺礼",铺张浪费达到顶点,仅寿膳房的"开发"(小费)每人竟有十八两之多,其余可想而知。愤怒抗议的舆论与日俱增,具有爱国心的官僚士大夫感到不能容忍,人们把憎恶的感情一股脑倾泼在李鸿章身上。八月十八日枢臣会议,经过李鸿藻等力争,终于发出会拟上谕,给李鸿章以"拔去三眼花翎,褫去黄马褂"的处分。这是帝党及主战派凭借社会舆论对后党及主和派一次小小的打击,也是慈禧为缓和民愤而勉强吞下的一口苦药,但仍然说不上谁胜谁负。

帝党的下一步棋,是要求重新起用闲置十年的恭亲王奕䜣,以此作为倒李的重要伏笔。早在八月二十一日,翁同龢在病中写信给张謇即已认为:"将不易,帅不易,何论其他?"第二天,翁奉旨"力疾入朝"商量有关对日战事问题。退朝后,张謇、文廷式、丁立钧等以"省翁师疾"为名前来探听消息。紧接着就是帝党骨干们的奔走串联,酝酿联名奏请起用奕䜣。八月二十九日,翰林院集议于全浙会馆,由文廷式起草请求重新谕令奕䜣秉政的奏折,列名者达五十七人之多。这显然是出诸翁同龢的授意,与光绪内外配合的一个部署。

九月一日,在各方面压力下,慈禧不得不勉强同意起用奕䜣在内廷行走,管理各国事务衙门并添派总理海军事务。光绪并于当天召见奕䜣,慈禧与这位亲王谈话达一个半小时,对时局颇多计议。奕䜣的任命曾使外界"人心为之一舒",但知情者对政局并不乐观。

起用奕䜣不过三天,丁立钧便领衔并联合翰林院 35 人上《请罪李鸿章公折》,张謇则单独上《推原祸始防患未来请去北洋折》,两折都是经由翰林院掌院学士代奏。张謇对李鸿章的旧仇新恨在这件流传甚广的奏折中发泄无遗。他从"先事、临事、事外、事中"四个方面,指责李鸿章不仅一贯主和卖国，而且还一贯败坏和局。他愤怒地谴责："试问以四朝之元老，筹三省之海防，统胜兵精卒五十营，设机厂、学堂六七处，历时二十年之久，用财数千万之多，一旦有事但能漫为大言，……曾无一端立于可战之地，以善可和之局，稍有人理，能无痛心？"最后请求"另简重臣，以战求和"，这可以认为是他与翁同龢筹议已久的八字方针。

九月五日，张謇与沈曾植、黄绍箕、丁立钧"申议联络英、德"，第二天即正式"定联络英、德之议"。两天以后，志锐首先奏请"联英伐倭"。九月七日，更由文廷式领衔并联合翰林院38人同上《奏请密联英德以御倭人折》，建议拿出2000万两经费，敦请英、德出兵帮助中国反击日本。此类建议当然充满不现实的幻想，但能够说明：帝后两党之间、主战与主和两派之间的斗争，在不同程度上都交织着英、俄、德、日之间在中国的争夺。

"联英伐倭"的方案，至少在客观上适应了英国侵华政策的需要。英国既不愿日本在中国，特别是在它的既得利益比较集中的长江流域攫取过多权益，又害怕战事延长会把清政府推向沙俄的怀抱，同时还担心长期战争会使它的对华贸易遭到较大损害。所以便开始改变它在八月以前支持日本的态度，而在九月初开始试探各国联合"调停"的可能性。所谓"调停"实质上就是要求中国立即投降以换取日军停止进攻。这与帝党所企盼的"联英伐倭"已经不是一码事。

由于列强的各怀鬼胎，连英国的联合"调停"也未能实现，而后党及主和派却乘此公开加强了求降活动。那拉氏的心腹、军机大臣孙毓汶和徐用仪，一方面向赫德要求英国出面调停，一方面又嗾使翰林院中一些人上书奕䜣，要求"忍辱求和"。在此期间，帝党活动频繁，继续鼓吹拒和速战，然而再也拿不出什么比较切实可行的办法。九月十三日晚，张謇连夜访问翁同龢，"危言耸论，声泪交下"。第二天，显然是出于翁的授意，张謇与丁立钧、黄绍箕、沈曾植等商议。十六日，张謇再次向翁同龢上书，报告集议结果。但就在这紧要关头，张謇突然接到父亲病亡的消息，只得循例离职回籍守制，于十九日匆匆离开政争纷纭的北京。

此后战事节节败北，帝党无所作为，只有坐视那拉氏、李鸿章放手求降。次年（1895）三月二十六日，《马关条约》正式签订，中国更加沦入半殖民地的痛苦深渊。帝党对条约的反应非常强烈，文廷式、丁立钧、黄绍箕、余联沅、易顺鼎等继续在北京上书抗议。远在南方的张謇也在日记上录上"和约十款"的主要内容，并且特地注明："几罄中国之膏血，国体之得失无论矣。"张謇悲愤的心情是深沉的，他在祭奠父亲的时候自我谴责说："徒为口舌之争，不能死敌，不能锄奸，负父之命而窃君禄，罪尤无可逭也。"

第二章

言商仍向儒

第一节　状元办厂

一、转变的契机

　　张謇从天津乘海轮南下，于光绪二十年九月二十七日经由上海抵家，"入门伏地恸绝，寝苫丧次"。此后即忙于丧礼杂务，并且欠下六千多元债务。由于"意绪荒忽"，三个多月时间连日记也不想写了。

　　但是，通海地区处于江海交接要冲，狼山镇即在其间，所以历来都是江防重地。由于面临日本海军随时可能侵入长江的威胁，张謇很快又振作起来，参加了兴办团练保卫乡里的一些活动。

　　光绪二十一年（1895）正月卅日，闲居在家的张謇突然收到通州知州的来函，说是张之洞（时已移署两江总督兼署江宁将军）已经奏请任命他总办通海团练。而在此五天以前，他已经为海门厅同知起草了防务章程，准备妥善安排即将前来驻防的仲字六营。从正月到闰五月，在五个多月时间里，他为江防工作付出了大量精力。

　　张謇办理任何事情都表现出严谨细密的风格，他还是认真负责地亲自起草了《海防团防营制》《民团续议》，提出一系列具体的主张和办法。可以看得出来，这些方案大体上都是以湘军营制和他本人在"壬午之役"中的经验作为依据。他还写了一首《通海劝防歌》，大意是揭露日本侵略者的残暴罪行，激发人们保卫乡里的热情，鼓舞练勇的信心。由于是对民众宣传，所以文字比较通俗易懂。以其中一段为例："沿江沿海有沙滩，滩多洪曲碍轮船。日便分兵犯我境，大炮小船不能运。若论内地尽是沟，天然地营不要谋。撤桥断坝设阱陷，各就各圩容易办。道路原是本地熟，层层深入他不敢。"这种以主待客、以逸待劳的积极防御主张，是比较现实可行的。同时，他鉴于过去办团练借筹款苛扰乡民的积弊，自己率先以二十四箱书籍，"付典肆抵质银千元"，补助通海团练费用，而不采用募捐的办法。

但是，通海团防已经没有机会受到实战的检验了，因为不久就签订了《马关条约》，中日战争宣告结束。闰五月十四日，张謇正式收到张之洞的撤防公牍，随即陆续遣散各营练丁，半个月以后全部结束了团防事务。

张謇"实业救国"的思想正是在此时形成的。他在这年夏天为张之洞起草的《条陈立国自强疏》，比较系统地阐明了自己的救亡主张。

这件疏稿首先分析了《马关条约》的严重危害性，接着提出加强国防、广开新学、提倡商务、讲求工艺等等建议，而其中最值得注意的则是他非常强调发展近代实业和近代教育。

张謇借鉴日本资本主义发展的历史经验，强调应该采取"商办官助"的保护民族工商业政策。他批评清政府"但有征商之政，而无护商之法"。建议各省设商务局，"令就各项商务悉举董事，随时会议，专取便商利民之举，酌其轻重，而官为疏通之。勿使倾轧坏业，勿使诈伪败名。凡能集巨资多股设一大公司者，奏请官吏奖之"。

其次，在工业与商业的关系方面，他没有笼统地主张发展实业，而是把工业提高到首要地位。"世人皆言外洋以商务立国，此皮毛之论也。不知外洋富民强国之本实在于工。讲格致，通化学，用机器，精制造，化粗为精，化少为多，化贱为贵，而后商贾有懋迁之资，有倍徙之利。"这本来是有识之士在中法战争以前就已经讲过的道理，但张謇毕竟经过亲身体验才奉之为圭臬，真诚地要努力使之成为现实，而且其抵制外来经济侵略的主观愿望也是极为强烈的。

为了发展民族工商业，张謇认识到学习西方近代科学知识的紧迫性。他主张："应请各省广设学堂，自各国语言文字，以及种植、制造、商务、水师、陆军、开矿、修路、律例各项专门名家之学，博延外洋各师教习。三年小成，乃择其才识较优者，遣令出洋肄业。"并且强调，不仅要"培之于先"，更要注意"用之于后"，充分发挥这些新式人才的作用。从沉溺古代典籍、八股制艺，到迫切要求学习西方农业、工矿等等科技知识，这是甲午战后张謇思想的一个巨大进步。

张謇非常重视教育的作用，认为"夫立国由于人才，人才出于立学，此古今中外不易之理"。实业需要人才，人才出于学校。但兴办学校需要经费，这又不得不仰仗于实业，所以张謇认为自己的救国宏谟还得从实业入手。张謇就是这样走上状元办厂的道路。

二、艰难的起步

张謇的大事业首先从创办纱厂开始，并非出于偶然的选择。

通州位于长江口北岸，东北滨海，南面临江。除南郊的狼山、剑山、军山、马鞍山、黄泥山为孤岛状残丘外，其余均为江海冲积平原。这里的土壤、温度、雨量、霜期都很宜于植棉，本地棉花不仅产量较高，而且色地洁白并富于弹性，很早即以"沙花"著称，盛销于南沿海地区。这里的手工棉纺织业也很发达，最初主要是织一种专门供包装货物、裱糊油篓、制作船帆之用的"稀布""小布"，中法战争前后，根据市场需要，逐步改织可供制作衣被之用的"通州大布"（又称"大尺布"，长度宽度俱有增加）。这种大布仍然主要由农家利用本地棉花自行纺织，产品平挺厚重，保暖耐磨，为一般劳动人民所欢迎，尤其畅销于历时已久的东北传统市场。随着销售量的迅速增加，专营收购运销业务的布庄也纷纷兴起，并且形成一定的市场分工。有所谓县庄，专销里下河各县；京庄，专营南京远销；关庄，则从事远销山海关以外。张謇和这些花、布商人早就建立了比较密切的联系，所以在兴办纱厂时颇得地利人和之便。

首先奉命设立商务局并且着手筹办纱厂的，正是署理两江总督兼南洋大臣张之洞。光绪二十二年（1896）正月五日，张之洞奏派张謇和苏州在籍前国子监祭酒陆润庠、镇江在籍前礼科给事中丁立瀛，分别在通州、苏州、镇江设立商务局。丁立瀛在镇江无所作为，可是长江南北两位"文章魁首"则各有表现，同时在苏州和通州设立了苏纶纱厂和大生纱厂。这就是宣传一时的所谓"状元办厂"故事。

张謇对于奉命办厂，并非完全没有思想准备，但也并非没有经过相当激烈的思想斗争。作为一向居于"四民之首"而且以清高自命的传统士大夫，忽然转而投身于长期被视为末业的商人队伍，这自然需要对传统观念作突破性的冲击。但是，张謇开始这种转变时的社会环境毕竟已经不同于19世纪60年代以前，"商战""求富"的口号喧腾已久，由官而商和由商而官都大有人在。士人群体的特点之一，就是在行动之前必须为自己寻求某种道义上的依据。对于张謇来说，他"以皭然自待之身，溷秽浊不伦之俗"，固然是一种情操上的牺牲，但却又可以从两方面求得精神上的安慰。一曰"求国之强"，他是以爱国志士姿态兴办实业的。二曰"言商仍向儒"，兴实业是为了筹措办学经费，由士林出发，经过商贾又回归士林，当然是理直气壮。

士人群体也并非不食人间烟火的神仙集团，他们也有个人利害的考虑。在19世纪末年，经商虽然依旧不免受到传统观念的轻视，但既然具有"奉旨总理"的堂皇冠冕，身价也就随之提高。同时，由于洋纱还没有充塞中国广大市场，华商纱厂早期所得利润确实比较优厚。据张謇自己估计，每年每股一百两，可得"余利"廿二两，利润率高达22%，当然也是具有吸引力的。

还应该看到，统治集团内部斗争的激烈和帝党遭到新的挫折，引起张謇宦海险恶的警觉，更促使他较快地下定从事实业的决心。关于这一点，在他的日记中多少留下一点痕迹。光绪二十二年（1896）四月八日："闻李鸿章使俄时请见慈宁（慈禧），折列五十七人请禁勿用，第一即文道希（廷式），李出京而杨崇伊抨弹道希之疏入矣。杨，李戚也。又闻慈宁为毅庙（同治）立端王之孙溥伦为子。瞻望北辰，心忧如捣。告者曰：五十七人中，子名殊不后。"九日："归与太夷（郑孝胥）纵谈周昌、贾谊、萧望之事，以论常熟（翁同龢）。"这些消息显然是在南京与两江总督刘坤一（已返任）洽商办厂事宜时听到的，绝非一般道听途说。

慈禧与李鸿章在甲午战争期间备受帝党和清议的责难，现在他们自觉地位已经重新稳固，可以狠狠回击这些并无实权的对手了。张謇闻讯后之所以要与沈瑜庆、郑孝胥等"纵谈周昌、贾谊、萧望之事"，因为这三位古人均曾任皇室师傅或者是太子合法地位的维护者，实际上是为翁同龢的艰难处境担忧。同时，张謇本人也感受到某种政治压力，因为他当时号称"翁门六子"之一，在帝党中声名仅次于文廷式等少数人，而且风传他的名字也列入李、杨作为打击对象的"清单"。他不能不考虑到后党复仇的火焰是否会烧到自己头上，乐得借在籍守制为名离帝后党争遥远一些，因此更加集中精力为创办纱厂奔忙。办厂对于张謇来说，既可以避免介入宫廷斗争的嫌疑，又可以争取非淮系洋务派大员张之洞和湘系刘坤一等督抚的支持庇护，这就是所谓"自立于不败之地"。

张謇的办厂活动实际上从光绪二十一年（1895）冬天就已经开始了。

经过两个多月的"招商"活动，他邀集了海门人沈燮均（本地花布商）、陈维镛（本地花布商），通州人刘桂馨（本地花布商），福建人郭勋（上海洋行买办），浙江人樊芬（上海绅商、捐班知府衔），广东人潘华茂（上海洋行买办）等六人协商认办。这就是最初的所谓"通、沪六董"。他们在反复磋商以后，于当年十二月八日到南京向张之洞禀报，筹划在通州城北唐家闸一带水陆近便之处建厂，取名大生。厂名的寓意是："通商惠工，江海之大；长财饬力，土地所生。"大生纱厂最初确定是商办，预计招股60万两，先办纱机2万锭。股票仿照西法，以100两为一股，共计6000股。议定潘华茂、郭勋负责总管银钱，在上海召集40万两，在通海召集20万两。如通海招不足数，"仍由上海集补足数"。随后他们又回到通州，由通州知州汪树棠、海门厅同知王宾监订合同，按前述方案申请两江督院奏咨立案。

三位"通董"相当积极，从他们反映出本地花布商人对创办纱厂持欢迎态度，也体现出张謇过去十多年与他们之间的良好合作关系。于是很快就选中并购买了通扬运河和长江之间的唐家闸陶朱坝作为厂址。这一带多为乱坟荒地，产权大部属于一家顾姓地主。地价一部分付给现款，一部分发给股票，顾姓地主因此成为最早的大生股东之一。但是潘、郭两位沪董却迟疑观望。厂址选定以后，张謇以后回忆说："旋规划奠基、浚港、筑岸、建造行栈及监工住宿之房，已用二万余，而潘、郭股不应，机亦不定。屡致询问，则言通股有若干，沪股即有若干，沪股四十万立时可有，又言通股需交沪管理"。这种财大气粗的腔调，反映出上海买办商人对资力薄弱的通海商人的轻视与不够信任，唯恐事业失败会给自己带来很大损失。次年（1896）七月张謇在上海召集董事会议，樊芬、陈维镛知难而退，辞去董事职务。以后由张謇推荐增补本地的木商高清（立卿）及典当商蒋锡绅（书箴），仍然合成"六董"之数。张謇的眼光从上海转向通海，显然希望以本地绅商作为集资的主要依托。但"通董"财力毕竟有限，加以"通州本地风气未开，见闻固陋，入股者仅畸零少数。上海各厂因连年花贵折阅，华厂股分给息六厘者止一家，洋厂或息止三厘。坐是凡迭次劝成之股，一经采听他厂情形，即相率缩首而去。甚者以鄂厂之商本无着，苏厂之股息难收为例，一闻劝入厂股，掩耳不欲闻"。纯粹商办的方案已化为泡影，张謇不得不回过头来再向官府寻求援助。

正巧，原先湖北南纱局向地亚士洋行购买的"官机"40800枚纱锭，堆放在杨树浦江边已经整整三年无人过问。已经回任的两江总督刘坤一急于脱手，命令上海商务局道台桂嵩庆贱价出卖。这年秋冬之间，"上海纱市败坏，华盛、大纯、福晋或欲停办，或欲出卖"，谁还有财力和兴趣来购买这四万锭锈烂"官机"？桂嵩庆苦于无人承购，张謇则苦于想买而又无钱，于是两者一拍即合。光绪二十二年（1896）十月，双方达成协议，把"官机"折价五十万两作为大生纱厂的股金；另招商股五十万两，合共一百万两。这样，大生纱厂的创办方案便从官招商办改为官商合办。

所谓"官招商办"，实质上就是商办，因为资金来自商人，而企业的经营管理也可以独立自主。改为官商合办以后，资金一半来自官府，企业的所有权和经营管理权都可能受到封建官府的严密控制和经常干预，这不能不引起一般民间商人的疑虑。他们非常害怕"官股"专权垄断和营私舞弊，纷纷反对官商合办方案，甚至表示要"退出事外"。因此，五十万两商股根本无法募集，"凡以纱厂集股告人者，非微笑不答，则掩耳而走"。这就说明商人已对官府缺乏起码的信任感。

张謇曾于光绪二十三年（1897）二月下旬会同"通董"蒋锡绅、沈燮均、高清、刘桂馨前往上海，与"沪董"潘华茂、郭茂芝筹划，想在三个月内集资20万两开始兴办，但结果仍然毫无着落。张謇深感难以为继，只有于三月到武昌向这批"官机"的最初订购者张之洞求援。湖北的新政在当时算是较有成效的省份之一，武昌的一些文教、经济事业颇使张謇为之倾服。他参观著名的两湖书院，印象是"规模宏厂，天下无对"。又考察铁厂、枪炮厂，感想是"于此见西人艺学之精，南皮（张之洞）要是可人"。这些都促使张謇更加坚定了兴办实业的信念。

张之洞帮助张謇找到一条新的出路。这年七月，在得到刘坤一同意后，确定将折价 50 万两的"官机"对半平分，由盛宣怀与张謇"合领分办"，即在通、沪分办两厂，这也就是所谓"绅领商办"。从张之洞和刘坤一来说，这无非是空头人情，但大生纱厂却因此减少筹集股金 25 万两，还得到盛宣怀"许助筹新股活本"的允诺。同时，改为"绅领商办"以后，绅士扮演"通官商之邮"的角色，"官股"虽然仍占资金总额的一半，却不再可能直接支配企业，不过是到期领取"官利"而已。这是"绅领商办"与官商合办不同之处，也是这个新方案比较容易被当时一般商人接受的主要原因。"绅领商办"和"官招商办"也有所不同，前者包括由"官机折价"而成的大量"官股"，后者却没有或很少"官股"，两者虽然都属于商办性质，但是与官府关系的密切程度还是有所差异。自然，这仅仅是就大生纱厂本身的情况而言，并非所有的"绅领商办"和"官招商办"企业都是一模一样。

　　"绅领商办"作为"官商合办"与"官招商办"之间的中介形态，虽然为当时当地的一般商人所乐于接受，但实际能够筹集到手的资金仍然极为有限。这时，潘华茂和郭勋也辞去董事，集资重担全落在张謇身上。光绪二十三年十二月开始建造厂基，经常雇用职员、工役五六百人，加上材料、运输等各项费用，开支很大。张謇手头 6 万多两现金很快就花得一干二净，曾经分别向桂嵩庆、盛宣怀、刘坤一、张之洞等再次求援，但这些官员把 4 万锭破烂官机推卸出去以后便撒手不管了。桂嵩庆原先答应"助集五六万"只是一句空话，盛宣怀的诺言也毫无兑现诚意。张謇曾经拉着桂嵩庆到两江总督衙门对质，但刘坤一也没有认真督责桂嵩庆履行前约。纱厂经费窘迫到极点，连张謇到上海集资的旅费都是靠卖字筹措的。

　　光绪二十四年（1898），"造厂运机，造工匠房，修闸砌岸槯坝，筑路造桥，一切工程，先后并举，岁终粗毕"。（《承办通州纱厂节略》）

其间，张謇曾一度循例到北京翰林院销假，幸亏有沈燮均等得力助手艰辛维持，建厂工程才没有中途夭折。及至"官机"运到，又使张謇叫苦不迭。原来这批机器"自二十一年运湖北，折江宁，回上海，苦栈于浦滩者三载。上雨旁风，板腐厢裂，机件断烂者十之三四。官既无款购补，商本又绌，先后由商续渐添配凑补。故六月之久，机车不能全开，垫款已七万有奇"。好不容易挣扎到冬天，厂屋即将建成，机器装置过半，并且已经开始收购棉花，眼看就可以开工出纱了，但又为资金短绌所苦。因为连日常开支都无法应付，怎么谈得上正式开工？张謇像到处化缘的和尚似的，求刘坤一，求张之洞，求盛宣怀，求江苏、安徽、江西各地的官员，但是应者仍然寥寥，到手的钱还不够几天收购棉花的价款。张謇走投无路，一度曾想求助于外国资本，甚至多次以辞职向刘坤一表示抗议。办纱厂本来是为了抵制日本侵略，可是还没有开工就已经准备退却，可见民族近代工业的处境是多么艰难。

不过，张謇当时办厂意志依然是坚定的。根据他的日记的有限记录，从光绪二十四年（1898）十一月十二日到二十五日，他在十四天之内给刘坤一发五封信，给张之洞、盛宣怀发三件函电，简直是费尽唇舌才逼出少量地方公款以救燃眉之急。但是这又触犯了通州地方官吏的利益，他们处处加以留难。譬如，通州知州汪树堂故意派遣签役四出，把协助募集股金丑化成强征苛捐杂税的模样，引起当地人民很大的不满与疑虑。张謇为之啼笑皆非，连忙恳求知州停止这种帮倒忙的"劝募"。刘坤一命汪树堂提拨若干地方公款，他又偏偏要指定挪用津贴本地秀才、举人应乡、会试的"宾兴""公车"两项费用的积存。这两笔款项总共只有一万元，根本解救不了大生的危急，可是却立即引起当地三百多秀才的公愤，联名递呈公禀反对，甚至准备在明伦堂召开大会抗议。据事后多方了解，这又是汪树堂捣鬼。筹款既然没有着落，"厂终不成之谣复四起"，大生的前途仍然是吉凶未卜。

但张謇、沈燮均等终于在危难中坚持将机器全部装置完毕，这已是光绪二十五年（1899）三月。二十九日先行祭礼，然后试机，引擎开动后一切运转正常。但当时的流言蜚语仍然很多，先是有人说："厂囱虽高，何时出烟？"试机后又有人说："引擎虽动，何时出纱？"张謇毫不动摇，他已辞去商务局总理职务，并曾过江到苏州参观苏经纱厂，决心以事实来回答旧势力的挑战。四月十四日，大生纱厂正式开车，并且邀请许多客人前来参观，这才堵住所谓"决不（能）出纱之口"。

张謇为了出纱以取信于社会，冒了很大风险。开车以前，他把已经购进的价值八万两棉花运到上海出卖，以所得价款应付各项紧急开支。开车以后，又须不断购进棉花，而用花越多，资金越难周转。张謇再次求助于官僚、绅商，又是毫无结果。请求另派殷富绅商接办，也未能得到刘坤一的许可。张謇亦曾与上海商界巨子严信厚等接洽，打算将纱厂出租三年，但因对方所提条件极苛而未能达成协议。张謇"留沪两月，百计俱穷。函电告于股东者七次，无一答，仍以卖字给旅费。苦语相慰者，眉孙（何嗣焜）、太夷（郑孝胥）二人而已"。（《啬翁自订年谱》）张謇无可奈何，每天晚间只有和一二好友在大马路泥城桥一带徘徊。上海已经相当繁华，晚间仍然是游人如织，车水马龙。但张謇哪有心思视赏夜上海景色？只是在闪烁的路灯光下苦苦思索，"仰天俯地，一筹莫展"。后来还是经过沈燮均来信劝说，他才回到通州，并且议定作背水一战。但办法依旧是："尽花纺纱，卖纱收花，更续自转。至不能有花纺纱，则停车而闭厂，以还股东。"气氛之悲凉，已如准备一去不复返的壮士。

不过，从这年夏秋之间的棉纱行市来看，对于大生纱厂的发展还是比较有利。原来华洋机纱已经在通海地区畅销，光绪二十一年（1895）通、海两地日销十二支纱达二十箱，二十三年（1897）增加到八十箱。传统土纱在市场上受到明显排挤，越来越多的织户改用机纱织布。二十五年（1899）

夏季以后，纱价一直看涨，十二支纱趸销卖到 65 两，零售卖到 67 两。到了八月下旬，大生纱厂卖纱所得价款日益增多，原料得以供应不缺。从光绪二十一年到二十五年（1895—1899），五年之间历经几次大的风险，大生纱厂总算初步站稳了脚跟。张謇内心的欢悦，是一个经过艰苦奋斗而取得初战胜利的开拓者的欢悦。底下有一段关于他向刘坤一报告好消息的生动记载：

> 谒新宁（刘坤一），相见大欢，拱手称谢。对曰："纱好地也，气转天也，人无与焉。"新宁曰："是皆先生之功。"曰："办事皆董事与各执事，謇无功。"曰："不居功，苦则吃矣。"曰："苦是自己要吃的，亦无所怨。"曰："但能成，折本亦无妨。"曰："不成则已，成则无折本之理。"（《张謇日记》）

这是一段妙趣横生的对话，刘坤一的空言褒奖，张謇的负气顶撞，历历如在眼前。时来运转，张謇不再是到处碰壁的云游方僧，他也能直起腰杆讲几句硬话了。

三、大生和它的厂主

大生纱厂的创办成功，原因是多方面的，但最主要的还是由于当时机纱已经在通海地区市场基本上排挤了土纱。这一带久已发达的手工织布业对机纱的需要量很大，而洋纱还未能控制当地市场。到光绪二十三年，机纱日销 80 大包，年销值约 200 万元左右。大生纱厂不像上海那些华商纱厂，它暂时还可以避开外国纱厂的直接竞争和排挤，并且能够充分利用本地廉价的原料、劳动力以及传统市场，来为自己谋求比较优厚的利润。

据粗略估计，到 20 世纪初年，通州、崇明、海门三地每年上市棉花约 40 万包，而大生纱厂每年用棉不过 10 万包，原料供应可以保证绰绰有余。本地棉花有的品种质量超过外来的一级印棉（纤维长达一寸以上），加以节省了长途运费，价钱也比较便宜，有利于大生纱厂降低成本。

此外，通海一带棉纺织业素称发达，大生纱厂从当地农村中招收工匠，不仅可以大大压低工资水平，而且其中很多人还具备一定技术条件。19 世纪末年，这一带的农民和手工业者在封建势力的残酷压榨和中外机纱的逐渐排挤下，更加陷于贫困破产的窘境。大生纱厂乘机招收大批衣食无着的女工和童工，工资一般每天只有一角多钱，有些甚至低到五六分钱。大生纱厂的平均工资要比上海纱厂的平均工资低 10% 到 20%。大生纱厂正是利用当地农民把纺纱织布看成家庭副业的习惯，以及把妇女儿童的收入看成家庭经济辅助性收入的传统心理，极力压低工人工资以与外地机纱竞争。

除了上述这些特殊条件以外，张謇等人的主观努力和经营管理的比较得法，对大生纱厂创办的成功起了极其重要的促进作用。在整个筹建过程中，张謇表现出很大的决心与毅力，他不仅做出许多重要决策，而且充分显示与官府绅商相周旋的才干与韧性。从某种意义上来说，他已经具备若干中国早期资本家必须具备的气质。作为张謇助手的沈燮均，是建厂和经营管理的具体负责人，他不仅任劳任怨，而且具有与张謇同等的决心。在集股最困难的时候，他毅然决定："尽以其自有之花布运沪抵款，以济厂之穷。可自关门（指停歇自己经营的花布庄——引者），不可令厂（指大生）停秤（指收花）。"这对张謇当然是极大支持。大生纱厂早期主事的"四董"，除沈燮均外还有高清、蒋书箴、徐翔林，分别主管银钱、进出货、厂工、杂务等项。他们（还包括大生上海账房林兰荪）都是当地的花布商或典当商，一般具有比较丰富的经营管理经验。虽然是旧式小型商业或金融业的管理经验，但对早期的大生纱厂却可作为借鉴，他们毕竟与那些寄生于官办或官督商办的腐败官僚大不相同。再则他们的自身利益与企业利益密切相关，又有各自的专长和性格特点，因而能够逐渐形成一个小小的相互配合和讲求效益的管理团队。

　　总之，经过五年多的艰辛创业，一座新型纱厂终于矗立在经济落后的长江北岸，它的诞生将引起通海地区在经济、文化方面的一系列变化。同时，它的诞生也标志着张謇开始从传统的士人群体转向一个中国前所未有的新的社会群体——资产阶级。人们可以看到，张謇在士人群体中的梯级攀登诚然历尽艰辛，但那毕竟是在旧的社会框架内的升迁。这是一条千百年来千百万人走过的老路，不仅有一整套陈旧的规章程式可以遵循，而且还可以得到许多为皇帝觅才访贤的前辈显赫人士的识拔援引。现在张謇正在从一个旧的群体走向一个新的群体，他不仅为了脱离旧传统的"脐带"而拼命挣扎，并且还得为争取新群体的认同而殚精竭虑。中国第一代企业家的道路是艰险而又崎岖的，他们大都来自旧的营垒，走的是一条前人（就国内而言）没有走过的道路，路上充满着荆棘和陷阱，而且时时刻刻都面临着被外国资本吞噬的危险，要有很大的勇气、毅力和机智才能不断前进。

第二节　两个世纪之间

一、办理"认捐"

　　在甲午战争以后的几年中，张謇除忙于创办大生纱厂以外，还从事其他一些维护和促进民族工商业发展的社会活动，并且在实践中逐步提出一些比较明确的进步主张。

由于出身小商人家庭，张謇一向对厘金的危害感受比较深切。在正式兴办实业以后，他更加渴望扫除这一障碍。根据十年以前办理减捐失败的教训，他对主管厘捐的税务官员已经完全失望，主张应该由花布商自行组织起来"认捐"（即包捐），借以抵制官府的贪污勒索。

光绪二十一年（1895），署理两江总督张之洞奉清政府谕令，把通海一带各种名目的厘捐一律改为产地统捐，名义上说是为了改革腐败的税政，但在贪官污吏的把持下，统捐反而超过旧日厘捐总额的六成，当地商民愤怒哗然。正好这年夏天张之洞邀请张謇多次讨论商务问题，并且询问统捐的利弊，张謇乘机倡议会同通海地方官员和商人议行"认捐"。

根据张謇日记，可以知道，他在这年八月曾替御史熙麟代作"争户部减官俸加厘捐议"。十月又曾"以捐事与虞山（翁同龢）电讯"。翁同龢是主管全国财政的大员，又是自己的恩师，张謇当然要求助于他。电稿内容已无从知悉，但在一年以后张謇曾函询丁立钧："去年謇写《通州认捐本末》一册，其时从者固未出都门，必已见之，不知为虞山言之否？"可以推想，张謇必定是向翁同龢提出过比较全面的"认捐"方案，并且还委托在京友好协同向翁进言。

光绪二十一年十一月以后，张謇开始正式办理认捐，其主要活动首先就是去说服张之洞。十二月二日的日记上曾有记载："诣南皮（张之洞）辞行，为'认捐'事辩论二十日，万目睽睽，至是有绪。"这说明在背后支持张謇活动的，乃是"万目睽睽"的以花纱布为主的各个行业的商人，而张之洞在社会舆论影响下倾向于接受关于"认捐"的建议。

他们议定"认捐"的办法是："援苏州之丝、木、绸缎、皮货、桐油、顾绣、药材，常熟之棉纱，无锡之冶铁'认捐'之例，由通海花布、百货各业自相结保，互行考察，分认厘捐，具分结于地方官，具总结于督部，"至于"认捐"总额，则是按照各厘捐局解库清数，把税源最旺之年和最衰之年实收总额平均折算，合计为 26 万千文。这个办法不仅取消了统捐的六成浮收，而且还根绝了税吏贪污勒索的机会，所以很快就遭到各级官吏的反对和破坏。其中最大的阻力，则来自江宁藩司和厘捐总局。

藩司和厘捐总局阻挠认捐的主要办法有三：1. 明明知道花布市场的旺季在下半年，偏要拒绝上四下六（即上半年交四成，下半年交六成）的合理分期交纳办法，坚持要按月摊交，使商人难以长期赔垫税款。2. 故意命令通州和海门厅地方官吏各具"如短包赔"的甘结，使他们知难而退，不敢再替商人转陈"认捐"建议，使商人失去本地某些官员的援助。3. 明明知道通海地区向不铸钱，偏偏规定"认捐"要全部上交制钱，使商人难以完成认捐任务，这可以说是釜底抽薪之计。这些破坏的伎俩狡猾而又狠毒，很快就吓退了曾经一度赞助张謇办理认捐的通海地方官员。结果使"半年中官绅商民奔走、告诉、议论、考索之劳概付诸流水"，"而商民之困乃倍甚于未经议改'认捐'之前"（《通海议办、认捐本末要略》）。

张謇原来的决心很大，正如他以后回忆的那样："为通海花布商议办认捐事，至繁复而纠葛，口舌辩难，文牍疏解，几于十反。岁终（指光绪二十一年年底——引者），计负债已 7000 余元，而所以谋竟先志者，尚未终。先志者，父事也；负债者，子事也。父有事，而子不能竟，安用子为？家祭陈告，必以二年成之。"（《啬翁自订年谱》）在古老的宗法关系帷幕下，隐藏着资本主义利润的魅力。也正因为如此，张謇对破坏"认捐"的江宁藩司和厘捐总局特别痛恨，大骂他们"刁难""可恶""荒谬无人理""贪昏专狠"，是"醉生梦死之人，甘为误国病民之举"。同时，他也迁怒于"不自咎其迟回不决之误"的张之洞，认为通海一时"'包捐'（认捐）之不成，其根仍在南皮"。

张謇对税政不满的增强，反映了民族资本主义与封建主义的矛盾正在深化。光绪二十四年（1898）九月八日，张謇正式接任江苏商务局总理，还不到半个月他就召开各业商董大会，"所陈商务大略不一，而以厘捐为大病者则人人一辞"。以此后漫长的岁月里，张謇一直强烈谴责厘金的危害，并且从未停止要求废除此项弊政的努力。但是厘金已占清政府全部财政收入十分之一，从光绪二十年到二十八年（1894—1902），每年上缴国库总额在1400余万两至1600余万两之间，当政者怎肯轻易丢掉这棵"摇钱树"？因此，张謇的革新追求，便必然要从实业、教育逐步扩大到政治方面。

二、维新变法

从光绪二十一年到二十三年（1895—1897），张謇在家乡守制整整三年。在此期间，他主要忙于创办纱厂。但这不等于说，他已经忘情于国内政局的变化。作为帝党骨干，他不能不关心帝后党争的发展趋势；而作为正在向企业家转化的开明士绅，他又不能不注意蓬勃兴起的戊戌维新运动。

光绪二十二年（1896）以后，张謇除为创办纱厂奔走于通、沪之间之外，大部分时间都在江宁文正书院从事教学和管理工作。江宁是两江总督兼南洋大臣的衙门所在地，因此更便于结纳各种中外政治势力。但在表面上，他经常和郑孝胥、沈瑜庆、缪荃荪、徐乃昌等友好名士在一起游宴唱和，并且还结识了正在金陵撰写《仁学》的"世家子弟中桀傲者"谭嗣同。与在通、沪一带集资过程中的烦苦气恼相比校，张謇在江宁的书院生活显得分外风雅而又闲适。

光绪二十三年（1897）冬天，内外事变迭起。德国借口所谓"巨野教案"，以武力强占胶州湾，其他帝国主义国家纷纷效尤，于是出现强行划分在华"势力范围"的瓜分狂潮。同时，在新的严重民族危机刺激下，中国人民的反侵略斗争首先在沿海各省和长江流域迅速发展起来，特别是鲁、豫、皖三省交界地区的义和拳、大刀会的英勇反抗，已经逐渐使清朝政府失去控制的能力。这就是维新派的君子们所感受的威胁："乱机遍伏，即无强故之逼，揭竿斩木，已可忧危。"（康有为语）他们以极为凄怆的声音打动了光绪和帝党的心："恐自尔之后，皇上与诸臣，虽欲苟安旦夕，歌舞湖山而不得矣；且恐皇上与诸臣，求为长安布衣而不可得矣。"在瓜分狂潮和维新运动同时高涨的紧要时刻，光绪与翁同龢毅然提出变法救亡的决策。

就在这年十二月二十四日，也正是民间家家户户忙于送灶过小年的时候，光绪怀着焦虑的心情召见枢臣，"颇诘问时事所宜先，并以变法为急。恭邸默然。臣（翁同龢自称——引者）颇有敷对，谓从内政根本起，诸臣亦默然也"。（《翁同龢日记》）一次御前会议竟成为冷冷清清的师生对话。奕䜣不表态，因为他久已处在嫌疑之地，衰暮之年更加胆小怕事。其他王大臣缄默不语，或则慑于慈禧的淫威，或则本来就反对变祖宗之成法。光绪与老师的主张如同曲高和寡的阳春白雪，他们在宫廷之内陷于孤立，于是只有诉诸社会舆论，在一定程度上也可以说是诉诸民意的仲裁，宫廷内部的纷争因此被引向紫禁城外。而维新派，就是他们在宫墙外面的主要奥援。

翁同龢当时的态度比较坚定。光绪二十四年（1898）的大年初三，距离冷落的御前会议不过一个星期，翁同龢亲自听取康有为关于变法的详细陈议。第二天，翁把康的意见转告光绪。皇帝命康有为条陈所见，并进呈所著《日本变政考》《俄大彼得变政考》。与此同时，维新派在社会上加强了宣传鼓动，学会和报纸成为政治运动新的工具，一时形成相当引人注目的很大声势。

张謇正是在这样重要的时刻，动身前往北京销假。

应该认为，张謇的北上与帝党支持维新变法有密切关系。

张謇于闰三月四日启程，先到上海与文廷式、何嗣焜、郑孝胥等友人有所筹议。七日，他应文、何、郑之约，在《盛世危言》的作者郑观应家中会晤了日本驻沪领事小田切万寿之助，同时参加会见的有20人之多，已经是个招待会的规模了。这个日本说客花言巧语地宣传："日人以甲午之役，有毫毛之利，启唇齿之寒，悔而图救，亟连中英。又以为政府（指清廷——引者）不足鞭策，为联络中国士大夫，振兴亚细亚协会之举。盖彻土未雨之思，同舟遇风之愿也。独中朝大官昏然徒事媕娿耳。"三天以后，张謇在文廷式举办的酒宴上，听说"日廷又遣其大臣来沪图兴协会"。这个大臣可能就是伊藤博文，伊藤以后果然于七月来华，"与中国政府共筹东亚安全之策"。伊藤还未动身即已透露消息，显然是小田切万寿之助放的试探性气球。

小田切万寿之助声言专门以中国士大夫为联络对象，这既说明外国侵略者颇为了解士人群体在中国社会中的重要作用，同时也说明士人群体已经逐渐从传统的封闭的樊篱中暴露出来。他们不再能在停滞的宗法社会里踱方步，而必须面对光怪陆离的外在世界迅速作出自己的抉择。但是，张謇对小田切万寿之助的拉拢并没有马上给予积极反应，因为他对日本侵略者一向怀有强烈反感。"日人言则甘矣，须观其后。"他还有所保留，需要再观察一段时间，而这点警惕性对于中国士大夫来说毕竟是值得珍惜的。他在上海逗留不久，也没有参与以后亚细亚协会的活动，便匆匆乘船北上。

闰三月十六日，张謇到达北京，两天以后即正式向翰林院销假。

这时，百日维新已是呼之欲出，帝后党争和新旧势力的斗争都日趋激化。正是在张謇到达北京的前几天，安徽藩司于荫霖已经奏劾翁同龢"误国无状"，这等于说是罪大恶极。张謇一听到此事即大骂于荫霖只会攻击翁同龢，"而皖灾不报也"。就在他抵京这一天，守旧派又向在湖南推行新政卓有成效的陈宝箴、江标、徐仁铸等地方官员发起猛烈攻击，并且在破坏保国会以后，奏请查禁保川、保滇、保浙等会，然后再次奏劾翁同龢"朋谋纳贿"。

帝党和维新派并没有因为守旧势力的阻挠而停止前进的脚步。四月军机处领班王大臣奕䜣病死，他们更抓紧这一时机推行变法。首先是由御史杨深秀、学士徐致靖上疏请定国是。四月二十三日光绪即正式诏定国是，宣布变法。两天以后，他又亲自召见康有为，谕令康在总理衙门章京行走，参赞行政，专折奏事。著名的"百日维新"于是揭幕。

　　在此前后，张謇也曾一度参与变法有关活动，并且向翁同龢提出某些具体的革新建议，比较重要的有《农工商标本急策》《代拟请留各省股款振兴农工商务折》，请求停办间架税及宁属米粮捐，以及为即将成立的京师大学堂代拟办法等。可以看得出来，由于张謇正在为大生纱厂艰苦创业，所以他的思路集中于发展工商、改革税政等方面。间架税是按铺面大小额外征收的商业税，停办此税以减轻商民负担的建议得到翁同龢的重视。

　　张謇这些温和的经济革新主张，与康有为、梁启超的全面变法主张相比较，自然要相差一大截，但是却最投合翁同龢的心意，因为他很害怕过于急速的改革步伐会引起后党和守旧势力更为强烈的反对。四月十八日，翁同龢在日记上写道："看张季直各种说贴，大旨办江北花布事，欲办认捐及减税两端，又欲立农务会，又海门因积谷滋事，欲重惩阻挠者，此君的是霸才。"四月二十日，也就是百日维新的前三天，翁同龢又"约张季直小饮，直谈至暮"，并且再次称赞张謇"毕竟奇才"。师生两人谈话的内容，现在已找不到具体记载，但从翁同龢给张謇的一封信上多少可以发现一点线索。信上说："雄论钦服，法刬必变。有可变者，有竭天下贤智之力而不能变者矣。"至少有两个要点是清晰的：1.他们都赞成变法；2.但是他们的赞成是有限度的，所谓"不能变者"可能指固有道统和纲常。张謇虽然一只脚已经跨进企业家群体，躯干和另一只脚却仍然处于士人群体。他虽然正在艰辛的"脱鳞"过程之中，但还没有进入新型知识分子行列，因此他的步伐稳健有余而势头不足，同时革新的视野也不够开阔。

百日维新在中国近代化过程中是一次振聋发聩的壮举，然而从一开始它就是一场实力悬殊的较量，仿佛是轻量级拳击选手与重量级的对手抗衡。新派对旧派的挑战，帝党对后党的挑战，乃至在某种意义上皇帝对太后的挑战，在当时的条件下都需要有一定的胆识和勇气。但是对手毕竟太强，而自己又太弱。特别是在强学会、保国会相继被破坏以后，张之洞等洋务派官僚已经明显地离异并转向于对立方面，这更使维新运动失掉一切实力支持。维新志士并非一群急功好利的鲁莽家，他们并非没有设想过变法也可能失败。但他们认识的基点在于：即令变法失败，也可以为国家的更新开辟道路，同时又可以提高光绪的威信，期望他在"慈禧以后"或许能够大展宏图。可以说，维新志士在一定程度上是抱着知其不可为而为之的精神来从事变法事业。

翁、张的稳健有余，除思想中保守性较多以外，也与他们对宫廷斗争的内情知之更为详尽有关。在正式宣布变法的前一天，张謇曾经亲眼看过翁同龢"所拟变法谕旨"。四月二十五日，也就是《明定国是谕》的后两天和光绪召见康有为的当天，张謇与翁同龢又有一次长谈。按照翁的说法是"谈至暮，盖无所不谈矣"。按照张謇的说法则是与"虞山（翁）谈至苦"。长谈而且达到"至苦"的地步，可见谈话内容相当广泛。当然，"至苦"也可以理解为疲惫或身体不适，因为张謇第二天就病了。不过从谈话前后的背景来判断，所谓"至苦"主要还是指变法的障碍重重而他们的处境困难。

但是，他们怎么也没有想到，两天以后（四月二十七日）后党就以闪电般的手段谕令翁同龢开缺回籍，直接打击了帝党的首领和变法的枢纽，这时百日维新开始才只有四天。帝党和维新派在这次突然而又沉重的打击面前显得惊惶失措。张謇在当天的日记上写道："见虞山开缺回籍之旨，补授文武一品及满汉侍郎均具折谢皇太后之旨，亲选王公贝勒游历之旨，所系甚重，忧心京京，朝局至是将大变，外患亦将日亟矣。"由于张謇对宫廷斗争的内情知之较多，所以他对政局变化所做的判断也比较准确。慈禧在放逐翁同龢的同时，把二品以上文武大员的任命权控制在自己手里，并且让死党荣禄署理直隶总督，绝对控制京、津地区的近卫军。经过如此周密的布署，他们就可以随便在什么时候用什么方法一举击败帝党和维新派短暂的联盟。

变法的前途更为艰险。四月二十八日，翁同龢赶到宫门向光绪叩头作最后的诀别。"上回顾无言，臣亦黯然如梦。"所谓"回顾无言"，并非真无言，而是不能言，不敢言。

四月二十八日这一天，北京"城南士大夫人心惶惶"。城南，自嘉道年间成立宣南诗社以来，历来是南方籍京官、士人宴饮雅集之处，光绪一朝的清流、文士仍然习惯于在这里寄寓与集议。城南士大夫群的情绪变化，在某种程度上可以看作是晚清政局的晴雨表。他们为翁同龢担忧，为变法的前途担忧，也为皇帝的命运担忧。二十九日，张謇奉旨到乾清宫引见，"瞻仰圣颜，神采凋索，退出宫门，潜焉欲泣"。他唯恐翁同龢将遭杀身灭族的大祸，因此于三十日"引朱子答廖子晦语劝公（翁同龢）速行"。就是用宁武子"邦有道则智，邦无道则愚"的故事，来讽说老师趁早退出政争旋涡并南下避祸。当天，他还向翁赠诗一首："兰陵旧望汉廷尊，保傅艰危海内论。潜绝孤怀成众谤，去将微罪报殊恩。青山居士初裁服，白发中书未有园。烟水江南好相见，七年前约故应温。"所谓"七年前约"，就是说要偕隐江南，张謇对变法已不再寄予希望，他也准备离开政局险恶的北京。

五月十三日，余栋臣在四川大足再次起义，中英威海卫租界专条也恰好在同一天签订，在帝党分子心目中，内乱和瓜分的奇祸仿佛即将纷至沓来。就在这一天，翁同龢启程离开北京，张謇与其他门生故旧赶到马家堡京津铁路车站送别。据说"送者数百人，车马阗咽，有痛哭流涕者"。临别之际，有个湖南青年文士对翁同龢挥泪说："吾为天下，非为公也。"悲怆的送别，未尝不可看作是对于后党的抗议，但这种行动毕竟是消极的，是缺乏奋战到底的英雄气概的退却。

翁同龢被罢黜以后，多数帝党分子都变得比较消沉，变法主要是由维新派勉力坚持推行。一系列革新政治、经济、文化的诏谕，像雪片一样飞扬，在社会中上层多少也引起一些反响。新旧党争日趋激烈。特别是在五月二十日，光绪以阻挠维新派上书的罪名，一举罢免守旧而又骄横的礼部六堂官以后，这种斗争更有可能随时发展成为一场政变。对于光绪的还击行动，尽管一些顽固派官员为之哗然，慈禧表面却不动声色，她正在暗中部署并且寻找杀戮新派人物的时机。在这种形势下，帝党、维新派和某些投机官僚之间的暂时联合迅速趋于分化。

许多帝党分子都悄然退却了，他们已经不再谋求变法进展，而只考虑如何洗刷嫌疑以苟全性命。张謇的心情是复杂的，既有怨愤，又有恐惧。皇权对于士人群体历来是一种绝对权威，也是一种不可亵渎的神圣，它具有生杀予夺的威势，更容不得半点怠慢与失敬。五月二十四日，也就是送走翁同龢的八天以后，早上下了一场暴雨，张謇当即感而赋诗一首："未测天性情，朝来乍雨晴。稍当被尘土，一笑看风霆。"其触及时事的色彩是很明显的。天威既然如此可畏而又不可预测，看来暂时只有走为上着。

翰林院本来是个闲散机构，当过翰林院庶吉士、编修的林则徐早就说过："都中本无官事，翰林尤可终年不赴衙门。"所以，张謇虽然早就销了假，并且循例得到"引见"，但是由于"公牍展转"，迟到六月二日才先后到翰林院和吏部听旨正式复职。可是，第二天他就以"通州纱厂系奏办，经手未完"为借口，再度向翰林院请假，同时也辞谢了孙家鼐打算奏派他充当大学堂教习的挽留盛意。当天下午便离开北京前往塘沽等船，晚上在日记上写道："卯初即行。读书卅年（十六岁入学为附学生员），在官半日，身世如此，可笑人也。"他一回到通州，便重新忙于创建纱厂的复杂事务，基本上结束了与戊戌变法这一段历史因缘。

三、政变前后

但是，张謇和其他一些帝党分子离开北京以后，对变法的进展情况仍然非常关心。其中自然不无个人利害方面的考虑，但更为重要的都是由于这将牵涉到他们所拥戴的光绪皇帝的安危荣辱。

六月六日，翁同龢回到常熟还不到一个月，就传来御史文悌由于参劾康有为、杨深秀等而被革职的消息，上谕中用了"受人唆使，结党攻击"等尖锐字眼。翁同龢很不以为然，他在当天的日记上写道："恐开朋党门户。"这个久经宦海浮沉的老人毕竟阅历丰富，他预感到新旧党争必将激化，而即将出现的党锢之祸的受害者必将是他们自己。六月十八日，他又在日记上记道："《申报》云：康有为奉旨至上海办官报。"显然是把此事看作是后党在文悌革职后的反击，已经表现出对变法前途极为担忧。

但北京的政局似乎乌云密布，变幻莫测，有时云缝里透露出一线阳光，也会引起南方帝党分子新的幻想。七月十九日，礼部尚书怀塔布、许应骙等六个守旧堂官，以阻挠主事王照条陈事务罪被革职。第二天清廷又赏谭嗣同、杨锐、刘光第、林旭四品卿衔，在军机章京上行走，参与新政事宜。对于帝党和维新派来说，这又似乎增添了一点兴奋剂。八月二日，张謇在日记上写道："知太夷（郑孝胥）召对后赏道员，甚喜。"仿佛变法处境又有某种转机。甚至到八月七日，也就是慈禧发动政变的第二天，翁同龢由于还没有得到北京的消息，在日记上写道："自明发改为电报后，络绎纷纭，新政焕然，目不暇接。"多少带有一些振奋的心情。可是，两天以后他就得到慈禧重新"训政"的消息，立即感到大祸已经临头。自称："身在江湖，心依魏阙，益战栗罔知所措也。"

从八月七日到八月二十五日，张謇日记几乎没有一天不记载有关政变的消息。通过这些简单的记述，我们不难发现他所最关心的还是皇帝的命运。例如，八月七日："闻太后临朝之旨。"八月九日："闻各国船集天津，诘译署，问上病状。"八月十日："闻袁世凯护北洋，是儿反侧，能作贼，将祸天下，奈何？"十一日："连日京电不通，有非常变故之谣。"十二日："闻初十日皇上有疾召医之电。"十五日："得六君子被刑讯，对六人评论多不满，唯深惜杨深秀。"十六日："闻查拿文廷式之电谕，康事与芸阁无涉，何以及之？"十七日："闻续催医生之电谕。"二十一日："闻荣禄有密电事，大可骇。新宁（刘坤一）持正论云。"当时盛传慈禧不仅把载湉囚禁起来，而且还打算以治病为借口把他毒死或加以废黜。荣禄是慈禧最为亲信的死党，当时正掌握北洋军权，并且已进入军机处，帝党特别害怕他会帮助慈禧对光绪下毒手。南方的帝党分子无兵无勇，只有把保护皇帝的希望寄托在列强的"问疾"和东南督抚的"正论"之上。

后党企图暗害光绪的阴谋，不仅引起帝党和维新派的不满，而且也受到一般开明士绅和企业家的反对。他们唯恐杀害皇帝将会引起更大的政局动荡，甚至还可能促使正在酝酿着的革命风暴更快地到来。沙俄以外的帝国主义列强（主要是英国），也不愿坐视后党采取更激烈的手段，一则担心沙俄在中国的侵略势力将会因此更加膨胀，再则担心各派之间的流血斗争可能破坏市场稳定，从而妨碍其对华商品倾销与资本输出的进一步增长。正是在这样复杂而又微妙的形势下，南方帝党分子才敢在几种矛盾的夹缝中悄悄站出来，极力营救他们所认为的国家的最后希望——光绪。

他们和南方的上层绅商合作，包围了湘系的首脑刘坤一，不仅在舆论上施加压力，而且还直接对他做了许多说服和协助决策的工作。八月二十四日张謇曾在日记上写道："恳新宁上《太后训政保护圣躬疏》。"而根据他的《自订年谱》的记述，这一疏稿正是张謇自己为刘坤一起草的，"大意请曲赦康、梁，示宫廷之本无疑贰"。张謇的政治态度比翁同龢多少要明确一些，这是因为两人处境不大相同的缘故。当时，张謇的好友蒯光典正在南京，而且颇受刘坤一的器重和信赖。他一得到"行将废立"的信息，连忙劝刘坤一说："公国家重臣，义不容默。"刘坤一对慈禧过于宠信淮系本来就有所不满，因而在东南各界人士的推动下，终于呈奏了影响较大的《太后训政保护圣躬疏》，并且在社会上产生了连锁反应。一时"力争者踵起"，在绅商群中居然形成具有相当声势的营救蒙难皇帝的运动。后党感受到沉重的压力，特别是害怕英国等帝国主义列强的强力干涉，只得暂时搁置了废黜或暗害光绪的罪恶计划。

张謇虽然一向不满于刘坤一的暮气，但对他这次比较果断的行动却大为称赞。二十多年以后，张謇在《自订年谱》上为此大书特书："刘于疏尾自加二语，曰：'伏愿皇太后、皇上慈孝相孚，以慰天下臣民尊亲共戴之忱。'乃知沈文肃（沈葆桢）普论刘为好幕才，掌奏语到恰好，盖信。"刘坤一所加的这句话既符合封建礼制，又显得软中有硬，而他的实力地位更加重了发言的分量，这自然要赢得帝党的钦佩。

可是，一贯标榜君臣大义的张之洞却见风使舵，他宁肯挖空心思周旋于帝后之间，决不愿在掌握实权的慈禧心目中留下任何恶劣印象，因此始终未能与刘坤一一起公开表态。帝党对此自然极为不满，所以张謇《自订年谱》在记述刘坤一所加疏语之后，特别注明："此南皮所不能言。"不过，当时张謇为创建大生纱厂还不得不有所求于张之洞，并且对他在湖北兴办工矿企业和新式学堂也颇为倾服，所以两人并没有因为上疏一事产生很大的隔阂。同时，《劝学篇》所发挥的那些"折中新旧"的论调，也还能适应张謇这类保守性还比较浓厚的准资产阶级的认识水平。多年以后，他在《自订年谱》中又曾特别提道："闻南皮上《劝学篇》，意持新旧之平，而何启讦其骑墙，徐桐咎其助新，人尽危矣。"字里行间流露出对于张之洞处境的某些同情。

张謇对于政变以后帝党和维新派的命运也非常关心，所以这段期间他的日记上连续记录了许多与此有关的消息。例如："闻严拿康有为，有为逃入英船之电。""闻复六卿（指已革礼部守旧派六堂官复职——引者），拿治徐致靖、杨深秀、杨锐、林旭、谭嗣同、刘光第、康广仁之电。""有徐、杨六人已罹刑戮之讯，访之果确，惟徐永元监禁。……林旭喜新竖子，杨故乙酉同年，平时修饬，见赏于南皮督部，不知何以并罹斯劫？""闻张荫桓遣戍新疆。""闻李泌园（李端棻）尚书遣戍新疆，闻芸阁（文廷式）无下落。""闻陈右民（陈宝箴）中丞及伯严（陈三立）吏部革职，江建霞（江标）、熊秉三（熊希龄）革职。""闻芸阁被刑于南昌（此讯不确——引者）。""虞山（翁同龢）重被革职永不叙用之命，英、日人亦讶之。""知文道希（文芸阁）在日本。"各种各样的恶劣消息联翩而至，张謇内心自然不免惶惶不安。

光绪病死以后，张謇在《德宗景皇帝挽词》中曾追述过戊戌变法这一段历史："善下溪成谷，更张瑟改弦。庸知元祐政，翻覆秪蹄筌。"当年他赞美什么？反对什么？从这首诗里似乎可以看得更清楚一些。他没有讳言变法与政变都属于新旧党争性质，也没有讳言自己的同情是在光绪和新党这一边。与维新派不同的地方，是他希望两方面都心平气和一点，尽可能不要采取激烈的手段。"嗟呼！晚清朝政之乱，表病在新旧，本病在后帝，始于家庭一二离异之心，成于朝列大臣向背之口。因异生误，因误生猜，因猜生嫌，因嫌生恶，因恶生仇，因仇生杀。恶而仇，故有戊戌之变；仇而杀，故有庚子之变。戊戌仇帝仇小臣，卒仇清议；庚子杀大臣，杀外人，卒杀无辜之民。"（《四川忠县秦太公墓表》）这大概可以看作是张謇对于 19 世纪最后几年晚清政局的总结，尽管他对历史发展线索的理解未必精当，但毕竟比较显露地表述了自己当年的政治倾向。

戊戌变法以帝党和维新派的一败涂地而告终结。他们在甲午战后短短两三年内所取得的某些进展与成就，在后党和顽固势力的刀光剑影中迅速化为过眼云烟。帝党在政变以后顿时陷于涣散，他们不可能从变法的流产中汲取积极的经验教训，不管是逃亡国外，抑或是苟安国内，仿佛他们的主要任务只限于咀嚼失败的悲苦，丝毫也不敢诉诸稍许暴烈的行动。张謇在企业活动中虽然表现出可贵的进取精神，但在政治上也逐渐趋于消极回避状态。在敦促刘坤一上疏"保护圣躬"以后，他于十月中旬在日记中写下寥寥数字："闻上疾有瘳。"寓意是已经知悉光绪的地位和生命暂时得到保全。此后，他对时局的议论越来越少，而仅有的一点议论也只限于消极的冷嘲，缺乏任何真率的抗议。

此后，直到光绪二十五年（1899）秋季以前，大生纱厂的创建工作几乎垂成而败，张謇不得不全力忙于到处筹款应急，因此在日记上更少议论时政。

四、"东南互保"

历史终于进入 19、20 两个世纪交接的年代。1900 年，义和团的反帝风暴标志着旧世纪的终结，而以孙中山为首的兴中会起义和留学生运动则揭开了新世纪的帷幕。

民族矛盾的上升，广大劳苦群众斗争的高涨，引起整个中国社会的大动荡，也引起阶级关系的新调整。各派政治力量都显得十分活跃，或则为了保全自己，或则为了扩展权势；而新的社会群体也正在大喊大叫登上政治舞台，尽管反应迟钝的观众最初还投以蔑视的眼光。

张謇等帝党分子和东南上层绅商，在这个方生未死的年代里，也多少恢复了若干政治活力，并且在所谓"东南互保"中有自己的表演。

到光绪二十六年（1900）五月间，义和团的狂飙巨澜迅速伸展到清朝心脏地区京、津、保一带。统治者惊惶失措，"剿抚两难"，陷入人民群众反侵略熊熊火焰的包围之中。帝国主义列强害怕义和团运动的发展可能摧毁他们在中国的殖民主义统治，因而暂时协调了彼此之间的激烈争夺，匆匆忙忙组织强盗联军，从大沽登陆，经由天津进犯北京。

在这样的形势下，统治阶级内部在对外政策上重新产生比较深刻的分歧。历史仿佛来了一个一百八十度的旋转，皇帝与太后，帝党与后党，与甲午战争时期的主战、主和两派之争相比较，现在位置都颠倒过来。光绪与帝党内外有见识的大臣，都主张采取冷静和慎重的决策，反对不负责任和毫无准备的贸然"宣战"。但是，他们的意见被粗暴否定，袁昶等甚至被残酷处死。顽固派亲王大臣利用义和团以发泄自己的仇外情绪，并打击、排斥一切进步事物。慈禧面对顽固派和义和团已经控制京师并且渗入大内的严峻现实，深知"剿之则即刻祸起肘腋"，同时也不满于列强一再阻挠废立光绪，因此便想冒险把这场巨大火灾转移到帝国主义身上。她虽然对外"宣战"，但既无切实有效的作战部署，又无任何必胜的信念。她首先是只求保全自己，其次是借助外国军队来扑灭这场"可怕的火灾"，再就是利用这一时机进一步清除帝党残余势力，直至最后废黜光绪。

东南各省的洋务派督抚与慈禧和顽固派控制的朝廷之间，在对外政策上公开表现出自己的分歧，而且是清朝开国200多年以来最深刻、最严重的分歧。这些督抚的买办化程度较深，而且又处在帝国主义直接控制的"势力范围"之中，同时还自恃手头有一支可以镇压群众的武装力量，因此极端反对后党和顽固派这种危险的政治闹剧，并且对于本地区的反侵略斗争始终采取严厉镇压的强硬措施。

东南一带的帝党分子和绅商上层人物，这时的政治态度基本上与本地区的洋务派督抚相近。戊戌变法失败以后，很多著名的帝党骨干，如沈曾植、黄绍箕、沈瑜庆、陈三立等，纷纷投奔托庇于张之洞、刘坤一等地方实力派。他们在营救光绪运动中，曾经得到刘坤一的有力支持。现在他们又希望通过东南督抚与列强达成妥协，一方面防止后党乘混乱之机杀害他们的神圣皇上，一方面借以维持东南地区统治秩序的稳定和他们身家性命的安全。

　　由于大生纱厂已经建成，同时又正在筹划创办垦牧公司及其他企业，张謇特别重视东南地区市场的稳定与安全，因而也把希望寄托于洋务派督抚与帝国主义列强之间的谅解与合作。

　　五月十二日，张謇听说义和团已经进入津、京一带，并且正在英勇抵抗悍然在大沽口登陆的侵略联军。他立刻来到大生纱厂，"戒敬夫（沈燮均）相北方'匪警'缓急为操纵"。五月中旬，义和团与清军继续抗击在大沽登陆的侵略联军，并且在北京围攻外国教堂，局势混乱益发不可收拾。五月二十一日，张謇在日记上写道："闻张、刘（张之洞、刘坤一）合电请剿'团匪'。'匪'大恣肆，黄巾、白波再见矣。"现在，他最担心的已经不再是帝国主义的侵略，而是拿起武器的下层群众的反抗斗争了。他认为全国范围的大动乱已经无可避免，只能凭借列强和东南督抚的强大实力来"保卫东南"。

　　五月二十九日，张謇日记记道："蔼苍来，议保卫东南事，属理卿致此意。"蔼苍（或作爱苍）即沈瑜庆，时任正阳关淮盐督销，正代表刘坤一在上海参与"东南互保"筹划。据张之洞的亲信幕僚赵凤昌回忆，他与盛宣怀、何嗣焜等人商议以后，即分别电请"东南各省一律合订中外互保之约"，并特别邀请沈瑜庆到南京劝说刘坤一及早拍板。理卿即施炳燮，是刘坤一的亲信幕僚，沈瑜庆和张謇正是通过他对刘坤一施加影响。事后，张謇曾对施炳燮大加赞扬："光绪庚子拳匪之乱，东南互保议创于江南，两湖应焉。……施君佐刘幕久，是役佐余为刘决策，尤有功，亦为两湖总督张公所重。"可见他们对时局的政治见解完全一致。

关于劝说刘坤一的具体情况，《啬翁自订年谱》叙述得很生动。张謇先与何嗣焜、沈瑜庆、汤寿潜、陈三立、施炳燮密议，然后亲自去劝说刘绅一联合张之洞"保卫东南"。这是一次公开违抗清廷"宣战"谕旨的大胆行动，所以刘绅一幕府中有人力持异议。"刘犹豫，复引余（张謇自称）问：'两宫将幸西北，西北与东南孰重？'余曰：'无西北不足以存东南，为其名不足以存也；无东南不足以存西北，为其实不足以存也。'刘蹶然曰：'吾决矣。'告其客曰：'头是刘姓物。'即定议电鄂约张（张之洞）。"东南是当时中国经济、文化最为发达的地区，是清政府财源粮饷命脉之所在。"保护东南"表面上似乎违抗了清廷"宣战"谕旨，但是却从根本上维护了清廷的继续存在。封建疆吏在采取重大政治行动之前必须进行道德范畴的论证，尽管在实质上充满了利害得失的考虑，但他们力求通过恪守表面上的君臣名分以获取心灵上的安慰。所以，"无西北不足以存东南，无东南不足以存西北"，这番议论便使刘坤一下定了决心。

第二天，经由上海道余联元出面，并有两湖代表陶森甲、两江代表沈瑜庆以及盛宣怀等人参加，与各国驻沪领事协商议定《东南保护约款》。其主要内容是：1."上海租界归各国共同保护，长江及苏杭内地均归各督抚保护，两不相扰，以保全中外商民人命产业为主。"2."长江及苏杭内地各国商民、教士产业，均归南洋大臣刘、两湖督宪张允认切实保护，……现已出示禁止谣言，严拿匪徒。"3."（上海制造局）军火专为防剿长江内地土匪、保护中外商民之用，设有督抚提用，各国无庸猜疑"等。而说到底，就是由洋务派督抚与列强"合作"，在维护半殖民地半封建统治秩序的前提下求得东南地区的暂时安宁。

尽管张謇强调自己倡议和推动的作用，但"东南互保"的主要发动者与决策者却是英国领事和张之洞、刘坤一本人，而穿针引线的人物则是盛宣怀。

　　早在五月二十二日，也就是慈禧召开御前会议决定对外宣战的前夕，张之洞已电告刘坤一，说自己曾告知英国驻汉的领事："长江以内上下游，有我与刘岘帅（刘坤一）两人，当力任保护之责，必可无事。……我与刘帅皆极愿与英联络等语。英领首肯，已允转告英政府。"与此同时，上海的英国侵略分子则公开叫嚷，要求英国政府"采取措施来明确主张英国在扬子江的宗主权"。甚至进而建议："第一步是弹压西太后和她的谋臣，支持各省都督"，"扶持他们反对北京"，争取"将首都迁到南京"。这些野心勃勃的言论，说明英国正在策划一个加强侵略中国与分裂东南地区的大阴谋。通过兴中会怂恿李鸿章在两广独立，通过自立军怂恿张之洞在两湖独立，同时又通过盛宣怀等促使刘坤一等实现更大范围的"东南互保"。这些都是英帝国主义策划分裂中国的总体阴谋的几个侧面。

　　刘坤一与张之洞一样，为了保持自己的实力地位，同时也为了保全清朝政府，不惜进一步向英国侵略势力靠拢。他曾向江海关税务司安格联表示："愿意在长江一带维护和平，并且迫切需要英国方面的支持。……如果其他国家侵犯长江一带，他愿意听英国的指挥。""不管太后的意图如何，他决心照自己的方针行事。……如果太后现在有谕旨给我，谁敢说这不是俄国政府的指示呢。"由此可见，张之洞、刘坤一早已与英帝国主义就"东南互保"问题达成默契，张謇等人的劝说活动只不过起了一定的促进与支持作用；而他们的活动之所以能够产生影响，又是由于在客观上适合英国侵略者的口味，尽管他们在主观上并不缺乏忧国忧民之心。

　　《东南保护约款》订立以后，张謇等人觉得东南地区的局势已可得到稳定，于是又筹划所谓"迎銮南下"，就是打算把光绪营救出来，在南京成立新政府，然后逐步实行他们期望已久的各项温和改革。

就在订立《东南保护约款》的同一天（五月三十日），张謇即已与陈三立商议"易西而南事"。当时风传慈禧即将挟持光绪逃往西安，而他们的知交郑孝胥正好被委任主持湖北营务处并奉诏北上，所以他们打算乘机把光绪迎接到南京。在此后几天中，张謇先后在南京、上海与汤寿潜、恽祖祁、何嗣焜、沈瑜庆等频频商谈，并且劝刘坤一、张之洞公推李鸿章率兵北上勤王，一则保全光绪，再则加强镇压义和团并向帝国主义列强求和。

张謇等人"迎銮南下"的具体方案现在已无可查考，但从以后《中外日报》发表的某些文章中还可以发现若干蛛丝马迹。例如，其中有篇文章主张：在"东南互保"的基础上，以上海或南京作为中心，"合诸省为一联邦"；然后"公发大兵，会前所遣诸军，声明大罪，以讨国贼（指载漪、刚毅诸人）；扫除直境，以待外人；力护两宫，以御内变"。另一篇文章则劝说列强协助"坚请复辟（指光绪重新亲政），而又归重于真有复辟之权；务使帝党复用，新政再行"。这些言论都在不同程度上反映了东南地区帝党分子和上层绅商的主观意愿，不过由于他们自身缺乏军政实力，张之洞、李鸿章等督抚又加以反对或犹豫观望，所以"迎銮南下"和"易西而南"的方案都未能实现。

七月间，北京失陷。慈禧仓皇带着光绪逃往太原，以后又继续逃往西安。北方的局势更加混乱，宫廷处在颠沛流离的旅程之中，南方的帝党分子增添了对于皇帝安危的担心。于是，张謇等人又把"迎銮南下"方案改为"退敌迎銮"。

所谓"退敌迎銮"，根据他们自己的解释，包括"退敌、剿匪、请两宫回銮议约"三件大事。具体办法则是：首先请求侵略联军退出北京，尽早接回慈禧和光绪，然后再"徐议除匪定约事"。他们认为，问题的关键在于"罢斥端、刚（载漪、刚毅）以谢天下"，也就是说必须以改组中央政府为前提。如果朝廷继续把持在后党与顽固派手中，那么"回銮、除匪、议约"都将一事无成。八月，张謇向刘坤一详尽地陈述了以上这些意见，并且得到刘坤一的完全赞同。

由于慈禧这时已经向帝国主义屈服，统治阶级内部对外政策的分歧迅速趋于弥合，载漪、刚毅等顽固亲王大臣被处以极刑，但更大的屈辱与损害则全部落在广大人民身上。北京城内的外国军队虽然没有全部撤除，但"除匪"与"和约"毕竟一直在积极进行。同时，因为当年洋纱进口明显减少，又给大生纱厂放宽了生路。闰八月九日，张謇高兴地在日记上写下八个大字："厂事复转，销路大畅。"据统计，该厂当年获纯利达 11.8 万余元之多。这就使先天不足、危机交迫的大生纱厂增添了生命的活力。张謇因此更加热衷于"保卫东南"，同时也更为迫切地希望中外反动势力全面达成协议，以便早日结束"战乱"，以谋求企业的进一步发展。

此后，张謇除一度参与劝阻订立中俄东三省条约以外，不再从事频繁的政治活动，转而以主要精力投入通海垦牧公司的创办工作。至于"迎銮南下"等方案，由于时过境迁已无实现可能，也无实行必要，早被撇开在一边了。

第三节　实业与教育

一、《变法平议》

"和约"迟到光绪廿七年（1901）二十五日才正式签订，"回銮"则拖延到十一月廿九日；即使在"回銮"以后，光绪丝毫也没有改变其准囚徒的悲惨地位。但是，由于清政府为了取悦列强并欺骗人民，大肆宣传将要推行"新政"，这又引起东南地区一部分帝党和维新派分子新的幻想。

早在光绪二十六年十二月十日，流亡在西安的朝廷即已发出诏谕，宣布即将变法："世有万古不易之常经，无一成不变之治法。穷变通久，见于《大易》；损益可知，著于《论语》。……大抵法积则敝，法敝则更，要归于强国利民而已。"刚刚镇压过维新变法运动的慈禧及其党羽，现在却模仿政敌的腔调，装出一派发愤图强、更张改弦的姿态，张謇等人颇受鼓舞，他们分别围绕在刘坤一和张之洞的周围，真诚而又辛勤地为"新政"筹谋划策。

十二月二十三日，距离清廷发布变法诏谕不过十三天，刘坤一即电邀张謇、何嗣焜等前往南京商谈"要政"。张謇等绅商上层人物，渴望在慈禧的宽容与东南督抚的支持下实现某些温和的革新，以谋求国家的富强和自身政治、经济利益的扩展。他们在光绪二十七年（1901）正月下旬以前进行紧张的准备。何嗣焜甚至在起草建议书过程中因操劳过度中风而死。张謇继续与汤寿潜、沈曾植、郑孝胥等反复磋商。正月二十五日以后，张謇等陆续到达南京，与刘坤一有所商谈以后，从二月四日开始花了半个月的时间写成《变法平议》，比较全面地阐述了自己的政治主张。

《变法平议》是张謇思想前进的一个路标，他终于公开地站在"新党"一边，并且尖锐地抨击了"旧党"的顽固保守。但出乎张謇意料以外，这样温和的《变法平议》，不仅没有被慈禧控制的朝廷所接受，而且也没有被与他关系密切的东南督抚所采纳。《变法平议》写成后的第三天，刘坤一邀张謇面谈，只提到州、县以下官吏的职责及有关学堂等事项，在财政问题上也仅仅表示赞同革新盐法，并无任何比较长远、全面的变法考虑。张謇"意绪为之顿索"，不久即函告汪康年："新政殆无大指望，欲合三数同志从学堂下手，以海滨为基础，我侪所能为者止于此。"

二、宏图初展

张謇的政治热情转瞬即逝，他只有重新"遁迹江海"，仍然埋头于发展实业、教育。从光绪二十七年（1901）到二十九年（1903），他的大部分精力除了用以巩固和发展大生纱厂以外，主要是投入通海垦牧公司和通州师范学校的创建工作。

通海垦牧公司的创办，标志着张謇企业活动跨进一个新的阶段，即从工业扩展到农业。

从光绪二十二年到二十七年秋天，是创办通海垦牧公司的酝酿时期。先是在甲午战争期间张謇奉命办理通海团练时，即已注意到这黄海之滨地跨两县的"高天大海间之一片荒滩"。光绪二十三年（1897），他在《请兴农会奏》中即具体建议成立公司，开垦江苏滨海沿江的闲地荒滩。二十四年（1898）春，他先后为刘坤一、翁同龢起草《开垦海门荒滩奏略》和《农工商标本急策》，再度建议"召佃条垦，成集公司，用机器耕种"海门荒滩。这些建议单纯从改良与发展农业的需要着眼，并且由于戊戌变法流产而未能付诸实现。到二十六年（1900）秋天，由于洋纱进口减少，大生纱厂产销两旺，促使张謇迫切需要采用企业方式来解决原料基地问题。对于他的事业来说，垦牧将为之增添新的经济内容。

光绪二十七年（1901）十月二十二日，张謇等人恭恭敬敬祭过海神以后，通海垦收公司的基建工程正式开始。这一工程整整花了将近十年时间，直至宣统二年（1910）才初步告一段落。在此期间，通海垦牧公司面临两大难题，起初是地权纠纷，稍后是风潮为灾。

张謇以平均每亩一钱八分九厘的低廉地价所领得的 123279 亩土地，看来好像是无人过问的荒滩，实际上原有的产权关系却十分错综复杂。其中一部分是原属淮南盐场供蓄草煎盐用的"荡地"，另一部分是原属苏松、狼山两镇的"兵田"，这是需要与封建官府交涉的两处纠葛。此外，垦牧公司还要与民间的"坍户""酬户""批户"等原业主或土地实际占有者发生各种性质不同的争执。情况正如张謇以后所说的那样："官又有为民买含糊之地，营又有苏、狼纠葛之地，民有违章占买灶业之地，灶有照案未分补给之地，甚至民业错介于兵田之内，海民报地与通界之中，几无一寸无主，亦无一丝不纷。"应该说明一点，这里所提到的"民"，主要是与世代煎盐服役的灶户相区别，他们没有封建劳役的身份束缚，其中有些人就是地主或其他类型的封建势力，并非都是劳苦农民。

在这些介乎官民之间的多种多样纠纷当中，最主要的还是盐与垦之间的矛盾。淮南盐场一向采用蓄草煎盐的落后生产方法，成本极高，流弊亦多，给这一地区人民带来许多额外的痛苦。但是，由于盐税是清政府收入极其重要的项目之一，也是各级盐政官吏贪污纳贿的渊薮；所以他们一方面极力维持封建垄断性的岸商制度，划定极不合理的盐区，强迫当地人民只能食用这种价昂质劣的海盐；另一方面又始终严禁开垦沿海草荡，进一步从地权角度来维护这种腐朽透顶的封建盐政。因此，张謇一开始从事垦牧经营，便使自己处于与传统盐政相对立的地位。当地盐运司等寄生于传统盐政的守旧势力，为了维护自己的既得利益和固有领地，也自然要想方设法阻挠破坏。张謇的对策是利用光绪二十七年（1901）秋间颁发的鼓励垦荒的空头谕旨，以此作为法理依据再次向两江总督刘坤一寻求支持，并且通过当地的大地主李审之与张云梯等出面疏通活动，"考诸图卷，征诸实事，迭经官厅勘丈"，整整花了八年时间，才分别逐个地把这些土地的产权清理收买完毕。

狂风巨潮的灾害，是垦牧公司创办时期面临的另一方面严重困难。垦区的农民和民工在筑堤工程中经历了极大的困苦与艰险，不少人甚至为此丧失了生命。

张謇曾经追述过创建工程最初三年的艰难境况："开办之始，无地可栖。……进筑各堤，则随堤址所在之荡，搭盖草屋。率数人一屋，湫隘嚣杂，寒暑皆苦。饮食之火，晨夕之蔬，必取给予五六里或十余里外。建设工作，运入一物，陆行无路也，必自为路；舟行无河也，必自为河。……至光绪二十八年、三十一年之风潮，江君（江导岷）与龚君伯厚、李君伯韫等诸人，皆昼夜守护危堤，出入于狂风急雨之中，与骇浪惊涛相搏。即工头、土夫，无一退者，率至堤陷乃归。而所得之俸，视通之地，公司裁半；视他处，公司裁三四之一耳。"（《垦牧公司第一次股东会演说公司成立之历史》）以较通州地区与其他地区低得多的工资收入，却能这样刻苦耐劳、舍生忘死地工作，这说明垦荒事业在当时确实有很大的吸引力，因此才能在辽阔的海涂荒滩上展开一场人与自然的壮烈搏斗。海门虽热与通州互相连接，但当地居民讲话和崇明一样，却属于吴语系统，很多本来就是从地少人多的江南迁来，现在又移入垦区向大海索取土地，表现出不畏艰险和勇于开拓的精神。张謇自幼生活在海门，在他的身上同样也有当地文化风格的影响。当然，垦区民工所受剥削之残酷和生活境遇之困苦，却又远远超过张謇自己的记述。

光绪三十一年（1905）夏天，已经陆续修成七条长堤和一部分河渠，而且开垦了第一堤西圩的七千多亩土地。可是八月间突然来了一场连续五昼夜的大风暴，浪潮足足有一丈多高，刚刚建成的各堤都被冲毁，牧场羊群几乎完全失散，真可以说是全军覆没。至于民工所遭到的损害，自然更为严重。

这场狂风巨潮把公司股东们继续投资的勇气也冲掉了，他们不再愿意承担12万多两的修复费用。张謇的态度则异常坚定，他要求把"忧患"当作"鞭策之教师"，继续筹划补救的办法。不久，他终于征得刘坤一的同意，向江宁藩库等单位筹集一批款项，购运棉衣、粮食到垦区实行"工赈"。饥贫而又勤劳的通海农民再一次奋勇与自然灾害斗争，光绪三十二年（1906）春又有三千多人"荷畚锸而至"，在暴雨继续为患的恶劣条件下，陆续修复了已经毁掉的各条干堤。

这样又奋斗了两年，堤防修复工程基本上结束，一、二、五堤和牧场堤所属区城均已招佃开垦，承佃者合共 1300 多户，丁口 6500 余人。到了宣统二年（1910），经过整整十年的艰苦创业，"堤成者十之九五，地垦者十之三有奇"，并且建立了"自治公所"、初等小学、中心河闸等。总算是"各提之内，栖人有量，待客有堂，储物有仓，种蔬有圃，佃有庐社，商有廛市，行有涂梁，若一小世界矣"。（《垦牧乡志》）与十年前"凫雁成群，飞鸣于侧，獐兔纵横，决起于前，终日不见一人，夏夜则见照蟛蜞之火，若繁星而已"的荒凉情况相比较，通海垦牧公司终于向世人显示了自己的成绩。

在滨海一片荒野上出现了一个六七千人的小社会，张謇内心的欣慰自不待言。可是这个小社会不能与世隔绝，它是从旧中国这个大社会派生出来，并且又必然依附于自己的母体。

通海垦牧公司的集股章程启事，由张謇、汤寿潜、李审之、郑孝胥、罗振玉等共同署名。最早的股东除这几个人以外，还有张詧、刘聚卿、刘厚生、蒋雅初、刘澂如、周湘舲、陆淑霞、刘一山等，都是官僚、地主和封建性的富商。此外苏松、狼山两镇兵营报案的滩地有二万三千九百余亩，兵营自身缺乏资金围筑，即以报案缴价银两作为五十二股加入公司股份。

从光绪二十七年（1901）到光绪三十三年（1907），张謇先后总共正式创立了 19 个企业单位，除上述通海垦收公司、同仁泰盐业公司以外，还有广生油厂、大兴面厂、阜生蚕桑公司、翰墨林印书局、资生铁厂、资生冶厂、颐生罐诘（头）公司、颐生酿造公司、大达内河小轮公司、通州（天生港）大达轮步公司、外江三轮公司、泽生水利公司、大隆皂厂、懋生房地产公司、染织考工所、大中通运公行、船闸公司等。这些企业大多是以大生纱厂为轴心，直接或间接为大生纱厂服务，或者凭借大生纱厂以获取利润。例如，通海垦牧公司是大生纱厂的原料基地；广生油厂利用大生纱厂轧花棉籽制油自用；大隆皂厂又利用广生油厂的"下脚"来制造皂烛；大兴（后改复新）面厂利用大生纱厂的剩余动力磨粉，供纱厂工人食用和浆纱；资生铁厂最初是专为大生纱厂修配机件而设；泽生水利公司、大中通运公司、大达轮步公司、外江三轮公司、船闸公司主要是为大生纱厂解决运输问题；染织考工所实际上就是大生纱厂向纺、织、染全能发展的研究所和实验室；懋生房地产公司则是买地造屋，为大生等厂职工提供宿舍并收取房租。为了追求利润，确实比较周密地考虑了经济效益问题。同时，这也说明大生纱厂的兴建，如何促进了整个通海地区经济的革新与发展。

当然，上述这种无所不包式的企业经营，毕竟还是资本主义童稚时期的特征，而且在短短五六年里分散资金投入这么多企业，也超过了大生纱厂的合理负荷。因此，大生纱厂许多股东（特别是某些大股东）对此深感不满，在他们的要求下，大生纱厂于光绪三十三年（1907）夏天召开了第一届股东会，会上正式决议把上述 19 个企业单位合并，另行组成通海实业总公司，借以与大生纱厂划清资金往来关系。然而，通海实业总公司的总理仍由张謇担任，而大生纱厂的股东和董事也就是通海实业总公司的股东和董事。这个实业公司除了统一掌管上述 19 个企业单位与大生纱厂往来的财务以外，没有其他具体的管理机构与经营业务，所以张謇仍然能凭借自己的威信并按照自己的意志决定方针大计。

通海实业总公司所属各企业单位的营业状况盈亏不一。光绪三十四年（1908），大隆电厂、颐生罐诘公司、大兴面厂由于亏蚀不堪被迫停歇。不久，通海垦牧公司与同仁泰盐业公司又划出通海实业总公司范围，所以它直接管辖的企业单位只剩下 14 个。不过在光绪三十四年（1908）以后，张謇又陆续投资创办银行、航运、堆栈等十几个企业单位。总括说来，到辛亥革命前夜，张謇已经组成了一个以纱厂为中心的具有相当规模的大生资本集团，而且不断向前扩展。

宣统三年（1911）以前，张謇在外地参加投资创办的企业单位也为数不少，如上海大生轮船公司、镇江大照电灯厂、镇江开成笔铅厂、吴淞江浙渔业公司、海州海赣垦牧公司、海州赣丰饼油公司、徐州耀徐玻璃厂、景德镇江西瓷业公司、苏省铁路公司等等，活动范围相当广泛。无怪乎当年海关报告惊叹说："推张段撰之意，凡由外洋运来各种货物，均应由中国自行创办。"廷种兴办实业的狂热，不能单纯以利润追逐来解释，它也体现了一个爱国者渴望祖国早日臻于富强的真挚心愿。

不过张謇之所以能够在一段时间里如此广泛地向各个部门积极投资，主要还是由于大生纱厂营业状况良好并且获得相当优厚的利润。

日俄战争爆发以后，日本棉纱一度在中国市场上减销，大生纱厂产品的销路因此更加畅旺，利润也更加丰盈。它在光绪三十年（1904）所发的余利，"按股二分二厘，合之官息（八厘），已及三分"。第二年（1905），大生纱厂的纯利增加到 75 万余两，竟占当时资术总额一半以上。就在光绪三十年（1904），张謇等人已经着手筹备在崇明设立大生纱厂的分厂（二厂），从这年夏天到三十一年（1905）春天，八个月内实收股金 609500 两。这与大生纱厂筹建时的艰难情况相比真有天壤之别，当然是由于大生已在江苏一带绅商中享有较高声誉有关，但更重要的却是因为当时机纱畅销与利润丰厚。光绪三十三年（1907）三月，大生二厂建成，工程进展比较迅速，26000 锭纱机全部开动。到宣统三年（1911）为止，大生一、二两厂纯利累积共达 370 余万两，资本总额也增加到将近 200 万两。这就是张謇在此十年间广泛兴办各种企业和事业的实力基础。

三、兴办学校

时代已经进入 20 世纪，帝国主义经济侵略的空前严峻形势，引起张謇极大的焦虑和无止无休的深思。

从宣统元年（1909）到宣统三年（1911），外国商品仅棉布一项进口总值即达 116532345 元，棉纱进口总额亦达 1320197 公担，棉花进口72571 公担；钢铁进口 2264257 公担，机器及工具进口总值 12565352 元。大生纱厂虽然产销两旺，但也不能不感受到势如潮水一般涌入的外国商品的威胁。张謇以后回忆说："宣统二年，南洋劝业会开幕，謇既与各行省到会诸君子发起联合研究会，乃衷光绪一朝之海关贸易册，参考其大略。如寐始觉，如割始痛；如行深山，临深崖，榛莽四出，披而始识无路；如汛雾海，见一岛屿，若隐若见，而始得所趋。则以我国实业当从至柔至刚之两物质，为应共同发挥之事。"（《海关进出口货价比较表序》）所谓"至柔至刚"，也就是张謇以后所说的"至白至黑"，指的是棉花和钢铁。他从贸易册中隐隐约约地看到一个充满着生存竞争的经济世界，也察觉纺织和钢铁两大工业系统在国民经济当中占据特别重要的地位。这是张謇思想一个新的进展，创办大生纱厂之始他还只认识到从棉纺织业着手奋起直追，现在则以"棉铁主义"（或称"棉铁政策"）为号召，企望建立一个包括轻工业和重工业的独立民族近代经济体系，以求祖国摆脱贫困落后与被奴役的悲惨命运。

但是，张謇并没有把实现"棉铁主义"之类富强之策的希望完全寄托于清朝政府。经过戊戌、辛丑两次革新尝试的失败，张謇对朝廷和东南各省督抚都颇感失望，因此转而专心致力于经营通海地区，通过"地方自治"来实现自己的革新方案。他在通海垦牧公司第一届股东会上讲得很清楚：

"言乎地方自治，则以股东会议决提存之公产，举办公司界内次第应办之教育、慈善，……凡鄙人之为是不惮烦者，欲使所营有利，副股东营业之心，而即借各股东资本之力，以成鄙人建设一新新世界雏形之志，以雪中国地方不能自治之耻。"（《垦牧公司第一次股东会演说公司成立之历史》）张謇所要求建立的"新新世界"，自然不同于太平天国那种带有宗教色彩的农业社会主义类型的"新天新地新世界"，也不是康有为那种过分沉浸于理想的"大同世界"，而是切切实实在中国国土上建设资本主义的实业与教育以及其他各种社会事业。张謇是个务实主义者，他既与空想无缘，更痛恶以大言欺世。他的志趣在于脚踏实地做有益于社会的实事，同时期望经过通海地区"地方自治"的示范，推动其他地区纷起效仿，使他所追求的"新新世界"从雏形推广到全国。

建设"新新世界"，自然需要知识，需要技术，需要各种各样专业人才。因此，在发展实业的同时，张謇又开始努力兴办新式学堂，而首先致力于师范教育。

早在光绪二十一年（1895），张謇为张之洞起草《条陈立国自强疏》，即已要"广开学堂"。二十三年（1897），他进一步主张全面学习西方"政治、律例、公法、格致、植物、农、商、医、化、重、电、光、汽之学"。戊戌维新期间，他赞成废科举、兴学校，并草拟大学堂办法。变法失败以后，他在南京文正书院设立"西学堂"，专教汉文、英文、翻译、算学，作为创办新式学堂的试验。随着企业活动的频繁和需要技术人才的日益迫切，此后他更强调要努力学习西方的"专家之业"。

光绪二十七年（1901），通过起草《变法平议》，张謇极力劝说刘坤一兴办新式学校，稍后又为刘拟订初、高等两级小学和中学的课程。二十八年（1902）二月下旬，张謇应刘坤一电邀，到南京与罗振玉为刘拟定《学制奏略》和"兴学次第"。建议首先兴办师范学校，一年后各州县分别设立高等、寻常小学校，三年后各府立中等学校，五年后各省设高等专科学校，京师设大学校。刘坤一周围的守旧官员如藩司吴重熹、巡道徐树钧、盐道胡延等对此"异议蜂起"，他们攻讦说："中国他事不如人，何至读书亦不如人？此张季直过信罗叔韫（罗振玉），罗叔韫过信东人（日本人）之过也。"刘坤一此时暮气更重，没有率先兴办师范学校的决心。张謇大失所望，与罗振玉等人商量一番之后，便回到通州自行创办师范学校。

张謇在通州选定荒废了的千佛寺作为校址，七月上旬开工建校，经过七个月的修建、筹备，于二十九年（1903）四月一日正式举行开学典礼。

通州师范学校属于中级师范学校性质（当时称为寻常师范），主要是培养小学教师。不过老师和学生的程度都比较高，最初聘请的一批教员有著名学者王国维等以及日籍教师共十余人，学生则是原来的"贡、监、廪、增、附五项生员"。当时废除科举已是大势所趋，所以许多读书人纷纷转入新式学堂。报考通州师范学校的科举士人很踊跃，甚至张謇不得不宣布"学生遵旨不取举人"。学校的课程设置有：教授管理法、修身、历史、地理、算术、文法、理化、测绘、体操等，大体上可以满足在高、初两级小学教授各门课程的需要。稍后，通州师范分为本科（四年）、速成（两年）、讲习（一年）各科，并且附设实验小学，规模更趋完备。以后，又陆续创办测绘、蚕桑、农、工等科，还建立了工科教室、农学教室、农场、博物苑、测候所等。这些设施已经超过了一般中级师范学校的范围，显然是想往大专学校发展。在同一时期，还兴办了通州女子师范学校，在当时也是开风气的新事。

张謇非常重视师范教育。他了解到欧美对一个国家的评价，"以其国学校多寡为强弱文野之别。其多者校以七八万计，生徒以七八百万计，校师以十数万计，师必出于师范"。所以，他在通州师范学校开学典礼上发

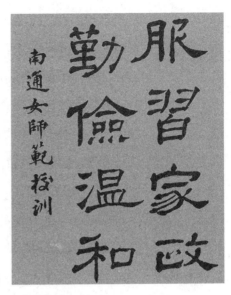

张謇题写女子师范学校校训

表演说，指出："欲雪其耻（指国耻）而不讲求学问则无资，欲求学问而不求普及国民之教育则无与，欲教育普及国民而不求师则无导，故立学校须从小学始，尤须先从师范始。"当这个学校还在筹建之际，他即已自豪地宣称："夫中国之有师范学校，自光绪二十八年始，民间之自立师范学校自通州始。"在此期间，他还撰写《中国师范学校平议》《通州师范学校议》《师范章程改订例言》等文，呼吁提高教师和师范教育的社会政治地位并"优予俸给"，以鼓励人们学习与兴办师范教育。其具体建议是："凡大学、高等、中等学师范本科生毕业，准作贡生、举人、进士，给凭后试教各高等、中等及小学四年，比较成绩（以教成学生分数多少为最优、次优之分）。进士教高等学，最优者除国子监丞，次优者除博士。举人教中学，最优者除博士，次优者除学正。贡生教小学，最优者除学正，次优者除助教。其廪、增准作贡生教小学者，最优除府教授，次优除州学正。监、附准作贡生教小学，最优者除县教谕，次优者除县训导。积资累绩，可递升至祭酒而上为管学大臣。若是则虽除官以后，终身于教育一事，而仍得与他科进取之人，同享人间之福利矣。"关于教师薪俸标准，张謇参照德、日、英、法、俄、美工资制度，并根据当时中国的财力，主张："寻常小学校约每月二十或三十元，高等小学校约每月三十或四十元，中等学校约每月四十或五十元，其专科教师约每月七十或八十至一百元。"此外，他还主张采取"擢优""励恒""彰廉"等奖励办法。张謇这些建议虽然没有被政府采纳，但作为强调师范教育和重视教师作用，则显然是开风气之先。

张謇对师范教育的极端重视，是由于他渴望提高整个民族的文化素质，以加快国家近代化的进程。"世变亟矣，不民胡国？不智胡民？不学胡智？不师胡学？"张謇的思路是很清晰的，即把国民教育当作近代立国的根本大计。而近代国民所必须共备的"智"，并非仅仅是文化知识，还有思想品质与身体素质等方面的要求。他在《师范章程改订例言》中明确主张："国家思想、实业知识、武备精神三种，为教育之大纲，而我邦之缺憾。师范造端教育，责任匪轻，故尤兢兢于国民教育、奖励实业及师范体操以兵式为主之定章。"这种见解和当时进步报刊上所宣传的"军国民教育"，在思想上是相通的，也是切中时弊的。

为了通州师范学校的创办，张謇既要为师范教育鼓吹呼号，又要为建校工程规划操劳，还要与形形色色的反对新学者作无休止的争辩，加以同时还要更为紧张地从事垦牧公司的筹建工作，真可以说得上心力交瘁，疲惫不堪。人们可以发现，在光绪二十八年（1902）十二月中旬的张謇日记上，出现了"腰酸欬血"四个字。但是，具有与兴办实业同样饱满的热情，张謇不顾病痛仍然努力兴办教育，有时就住在校内照管修建工程。在开学前一天晚上，他还和庶务一处一处敲牢学生宿舍门上挂名牌的钉子，甚至亲自布置厨房和厕所。这时，他已经50岁了，何况还具有状元和翰林的身份。

张謇除在通州师范学校附设实验小学以外，光绪三十年（1904）又设立"通州五属学务处"，作为统筹推广新式教育的办事机构，并且陆续在各地兴办一批中学和小学。

张謇提出作为教育大纲三项之一的"实业知识",包括技术教育与职业教育,而且对此也非常重视。他在师范学校附设测绘、蚕桑、农、工等科,在通州中学附设国文专修科(培养办事书记),就是为发展中等和高等的技术、职业教育作准备。此外他还陆续创办了吴淞商船学校、铁路学校等。光绪三十一年(1905),他向两江总督上《请设工科大学公呈》,建议在上海制造局附近创建工科大学。"即以已成之中国公学,为高等工学预备,次第经营,四五年后即可希望成效之发生,有完全之工学。更三数年,各省热心从事工业之处,得有相处为理之人,不致如今日实业之摘埴冥行,瞎骑盲进。"次年,为筹划南洋大学,他又向两江总督端方建议:"江宁宜就制造局左近设工科,特设法科。苏州宜就昆山、新阳有荒地处所设农科。就上海设医科。至安徽、江西,亦宜各设一文科,或更量设法、理高等一二科,以备三四年后升入大学。"

张謇对高等教育是重视的,如为工科大学、南洋大学筹划设计等,并且还协助创办了复旦学院。但是,张謇是个脚踏实地的事业家,办任何事情都强调首先打好基础,然后再有步骤有条理地求得发展和提高。他认为"大学之预备在分科高等,高等之预备在中学"。庚子以后,朝廷标榜"新政","仓皇兴学即以大学为发端",徒然流为笑柄。从当时的历史条件来说,他已经重视总体设计和数据预测的需要。办大学要考虑需要与可能,确定规模与招生人数,而这就涉及生源和高等、中学的提前准备。发展小学也应考虑毕业后继续升学的出路,普通中学和技术、职业学校又要有相应的发展,而这在经费的需求与来源方面又必须做事先的估计与筹划。

张謇当时的主要精力虽然是用于创办师范和中小学校,但已开始注意盲哑等残疾人教育。光绪三十三年(1907),他向署江苏按察使建议,希望他学习美国的斯坦福,中国的叶澄衷、杨斯盛,捐家资十分之二三,兴办盲哑学堂。但是此事并未得到任何支持，因为"中国今日不盲不哑之人民，尚未能受同等之教育，何论盲哑？"然而张謇对此始终未能忘怀，直到民国元年（1912）他还为此呼吁："知师范学校之重要而建设者，殆及于中国行省之十五六矣；则非残废之儿童，不患教师之无人。惟盲哑之儿童，贫则乞食，富则逸居，除英、美、德教士于中国所设之二三盲哑学校外，求之中国，绝无其所。"他根据西方人口调查提供的数据分析，估计中国至少有80万盲哑人。"盲哑累累，教育无人"是一个严重的社会问题。因此应该设立盲哑师范传习所，培养有慈爱忍耐心的合格盲哑教师。

　　当然，张謇毕竟是一个过渡时代的过渡型的人物，他的教育思想和教育实践必然带有新旧交替初期的局限。他极力主张在学校中传授西方近代科学知识和某些资产阶级社会政治学说，但仍然未能完全摒弃旧的传统伦理教育。他主张学校教育应持"干涉主义"，反对"放任主义"，对学生实行过多的约束。对于当时许多新学之士正在宣传的自由、平等学说，他更是难于理解和接受。他告诫学生说："若如浮嚣之士所喜谈者，推之一家之中，父母、兄弟、夫妇、子女，人人如所说之自由、平等，能一日相安乎？能自安乎？愿诸生一己则思尽秩序之义为自由，对大众则思能普及教育为平等，毋沿口口相传之谬说。"（《师范学校年假演说》）

　　在当时的社会环境里，他的教育思想和实践也不可避免地带有阶级的烙印。他为自己和亲友的子女设立扶海垞家塾，另外有一套课程设置和教学计划，并且聘请日本女教习"教授体操、算术、音乐、图画，兼习幼稚游戏之事；延本国教习教授修身、国文之事"。他的儿子稍为长大以后，又专门请沈友卿"为之授《论》《孟》之大义，《诗》《书》之大凡，《春秋》之大事，俾知世自有所以为世，国自有所以为国，而人自有所以为人"。然后再直接送到大学和国外学习。尽管张謇自认为这是对学制改革的一种探索，也包括对于国学在教育中作用的重视，但多少带有若干华族教育的意味，主要还是为了培养能够接替自己的新一代企业和事业的经营管理者。至于一般小学和工人艺徒学校等，则无非是培养大批具有粗浅文化知识和初步技术训练的工钱劳动者。正如张謇自己对普及教育所作的解释："国何为而须教育？教育者，期人民知有国而已。……使人人任纳税、当兵之责，多数无怨望而已。"

尽管有上述这些局限，张謇的教育思想与办学实践，毕竟在中国近代教育史上占有重要地位，它是对于旧的传统教育勇敢的突破。任何新的事业，起步总是特别艰难的。人们不会忘记，他是在"谤而沮者，不一其人，不胜其愤"的情况下，以惊人的毅力与过人的精力为通海地区的近代教育奠基的。他在教育方面的革新与成就，连同他在棉纺与垦牧方面的巨大劳绩，使他在东南以至在全国都赢得了辉煌的声望。

第三章

更张瑟改弦

倡导立宪

咨议局与请愿

地方自治

第一节　倡导立宪

一、《东游日记》

"生平万事居人后。"我们传记的主人公步伐总是比较缓慢，甚至在立宪运动中他也没有走在最前面。他相信眼睛甚于相信耳朵，习惯于凭借事实而不是凭借哲理来思考，在没有思考清楚以前决不采取行动，而一经采取行动就决心进行到底。他步履虽迟，但每一脚都踏在实处。他并不喜爱冲刺在最前面，然而却有足够的后劲，往往是后来居上。办实业如此，办教育如此，从事立宪活动亦复如此。

张謇公开赞成君主立宪并且正式投入立宪运动，是在光绪二十九年（1903）亲自到日本考察以后。

张謇虽然一贯痛愤日本军国主义的对华侵略，可是对于它在明治维新以后努力学习西方迅速臻于富强则颇为倾服。《变法平议》中许多主张都是取法于日本，在兴办实业与教育的过程中，也常常借助于日本的技术、经验以至师资。在奇耻大辱的《辛丑条约》的强烈刺激下，一些比较开明的官绅先后到日本参观，希望学习它的富强之道。张謇当时也很想"东游考察"，但因为已经卷入帝后党争，而且有的帝党分子又流亡日本（如文廷式），为了避免嫌疑才未成行。光绪二十八年（1902）秋，吴汝纶访日归国，张謇特地到上海请教，并且阅读了吴汝纶写的《东游丛录》，更增强了亲自到日本访问的愿望。

正好在二十九年（1903）正月，日本驻江宁领事天野通过徐乃昌，函邀张謇参观日本第五次国内劝业博览会，同时邀请的还有其他一些东南名流。张謇自觉现在地位已较稳固，尚能得到清廷的信任与重视，便欣然应邀前往。

张謇于四月二十七日晨七时乘日本邮船会社博爱丸东行，同行者有章亮元、章孚、金永安、徐有临。除章亮元已就读于东京成城学校外，其他三人都是初次前往日本留学，金、徐则是张謇作为技术人才带去学习工业的。还有不期而遇的两位友人，一路倒不寂寞。

博爱丸离开中国大陆愈来愈远，海水开始略带黄色，东行愈远愈转绿色，到深海处水显黑色浪亦渐大。第二天午后经五岛，岛上林木秀茂，梯田麦黄。晚七时即到达长崎，这是个景色如画的港口，但由于天已昏暗，"但见人口处岛屿参错，海色映空，树影森森可辨而已"。二十九日验关上岸，这是张謇第一次踏上日本国土。

张謇是个事事留心、时时思考的爱国者。他顾不上欣赏海上壮丽景色，也无心在异国猎奇探幽，一路上经常琢磨的是日本何以能够一跃成为东亚头等强国。

还未上船，他就在想，为什么日本要把轮船叫作"汽船"，把公司叫作"会社"？答案是："日人采用欧美法，皆自定主名，名必用字之本义。……盖融欧法、日俗，而括之以华之雅言，名必从主人，亦作事不苟之一矣。"

一踏上长崎码头，他就去访向町村小学校（私立鹤鸣女子学校），详细了解这所小学的教学、校舍、教员、学生、经费情况。船离长崎时，他浏览沿海风光，又有所领悟："日人治国若治圃，又若点缀盆供，寸石点苔，皆有布置。老子言治大国若烹小鲜，日人知烹小鲜之精意矣。"

五月二日参观设在大阪的博览会，看见"参考馆"中陈列各国物品，中国只有江、鄂、湘、齐、蜀、闽六省参加，而湖北的陈列品又是汉瓦当、唐经幢。张謇不禁又发生感慨："劝业以开来，而此以彰往，若移置中国博物院，差不倍耳。"他对比了日本各府县郡产品的准备充分和精益求精，指出："中国六省，彼此不相侔，若六国然，杂然而来，贸然而陈列，地又不足以敷衍。以余乡而言，通州、海门墨核鸡脚之棉，吕四真梁之盐，皆足与五洲名产争衡，皆不与焉。"

在各地访问过程中，有些事情也使张謇深受刺激。

一是在东京鞠町重晤日本前驻朝公使竹添嘉纳。尽管竹添父女热情款待，张謇却想到二十年前在朝鲜与日方相周旋的情景，不禁感慨万端。"岁月骎骎已二十年，彼时余方三十。马山水原，行军之旌旗；南坛汉城，驻节之幕府；闭目凝视，犹若见之。而国势反复，殆如麻姑三见东海为桑田矣，可胜慨哉！"

一是在北海道札幌见到山东日照农民许士泰。许于光绪元年（1875）移居札幌郡丘珠村，由于开垦成绩卓著，先后受兴农产会会长总裁赏以银杯及白桃绶名誉章，事迹且奏报天皇。许士泰虽已勤劳致富，但仍然是"状朴拙，口呐呐"，保持乡农本色。张謇感慨地说："世不必读书治政治家言方为人才，凡能平地赤立而发名成业者，真人才也。莫为之前，虽美弗彰。……夫置一许士泰于烟台苦工之间，何异恒河沙数中之一沙。有人焉，簸之扬之，而许世泰见矣。今中国人中若许士泰者何限？十百千万倍于许士泰者亦何限？其视政府，若九天九渊之隔绝，当其一詈而一嘲，十百千万倍于许士泰者也。抑闻闽粤之人，佣工经商于南洋诸岛间者，以数十百万计，问闽粤有司有可稽之籍否？一许士泰，又宁足论其幸不幸哉！"

但是，最使张謇感到愤慨的却是载振一行在访日期间的一系列表现。载振是军机大臣庆亲王奕劻的儿子，时为商部尚书，以贪污腐化而声名狼藉。

五月一日张謇到达神户时，正好碰上载振、那桐回国。张謇在日记上如实地记下当时的情景："西京伎小岸、藤叶、富子、胜子四人送贝子（载振）至神户，神户华商宴之，复大集声伎，日报言之。复言：贝子、侍郎（那桐）在名古屋、西京（奈良）广购美术品而不甚购书。询之各华商，贝子匆匆，亦无暇究商务。然则华商户首龙旗飚飚，商殊不负国。"应该说明，这段记载在《东游日记》正式付印时已被删掉，这当然是由于害怕得罪当权的清朝王公贵族。

五月初十日，张謇在东京参观造币局，书记以来宾录请题名。张謇翻开一看，只见前二页已写下五行字。张謇又如实地记下这五行墨迹："第一行某月、日；第二行大清国某某事来；第三行贝子戴振，戴字误；第四行尚书衔户部侍郎云云那桐，书字脱而旁注；第五行随员二十二人。"事有凑巧，张謇接着翻开大阪城内水源局的来宾录上载振一行的题名，发现"前二行同，三行仍书贝子戴振，尚书衔脱书字未补。"尚书两次写错了自己的名字，侍郎两次写不全自己的官衔，清廷居然派这样的贵族大臣出国考察。应该说明，这段记载在《东游日记》正式出版时也被删掉了。

五月十二日，张謇等再次参观博览会，在通运（交通）馆看到制作精密的台湾模型。令人惊诧的是："乃并我福建诸海口绘入，其志以黄色，亦与台湾同。"这件事曾引起东京中国留学生愤怒抗议，但载振等却毫无反应。所以，张謇在日记上附带写下一笔："振贝子、那次郎或未之见耶？"

张謇在日本诗作甚多，其中还有两首也颇耐人寻味。

一首是参观《马关条约》签订之处春帆楼后所作："是谁亟续贵和篇，遗恨长留乙未年。第一游人须记取，春帆楼上马关前。"

另一首是参观札幌惊羡于北海道开垦二十年业绩，题曰《一人》："一人有一心，一家有一主。东家暴富贵，西家旧门户。东家负债广田园，西家倾家永歌舞。一家嗃嗃一嘻嘻，一龙而鱼一鼠虎。空中但见白日俄，海水掀天作风雨。"

张謇回国以后，把自己在日本访问期间的日记编辑付印，题为《东游日记》。此书于八月二十二日印成，张謇分送给友好与各方面人士，目的是推动实业、教育的发展，并且宣传自己的政治见解。当时，访日归来的名流们发表日记、笔记、游记、丛谈，已经蔚成风气，但是张謇作为实业家与教育家去考察日本的实业与教育，他的见闻观感当然有自己的特色，与一般附庸风雅的趋时之作有很大的区别。

二、投身立宪

日本之行促使张謇积极投入立宪运动。"鸟兽亦有群，朋党性情事。"张謇终于认识到，仅仅依靠宫廷斗争，仅仅依靠一个无权而又幻想有所作为的皇帝，仅仅依靠某些比较开明的大臣、督抚，都是无济于事的。为了避免革命爆发并促使清政府确实有所革新，必须在组织商会、农会、教育会的基础上，进一步组织政治团体以至新式政党，在全国鼓吹与推进立宪运动。

光绪二十九年（1903）十二月二十八日，张謇从《中外日报》得知日俄战争已经爆发，而且日本已获两次小胜。除夕之夜，张謇心潮起伏，在日记上写道："日本全国略与两江总督辖地相等，若南洋（指南洋大臣管理地区——引者）则倍之矣。一则致力实业、教育三十年而兴，遂抗大国而拒强国。一则昏若处瓮，瑟缩若被絷。非必生人知觉之异也，一行专制，一行宪法，立政之宗旨不同耳。而无人能举以为圣主告也，可痛可恨！"第二天，即三十年（1904）元旦，他又在日记上自我督责："晨东南风，曇；午后西北风，晴明。此占验家岁丰人寿之祥也。而海氛方恶，国势方危，区区一隅之地，一人之身所应尽之义务，曾未一一著有效果，而齿又增矣。可愧！可愧！"

张謇在翁同龢墓前留影

张謇等待着向"圣主"进言的时机，而这样的时机很快就到来了。

不过一个多月，清政府驻各国使臣孙宝琦、胡维德、张德彝、梁诚等联名电请变更政体，国内的一些督抚也谋求有所呼应，立宪运动已成山雨欲来之势。同时，清政府对于力量逐渐增长的趋新绅商上层人物加强了拉拢，于三月初一颁发上谕："张謇著赏加三品衔，作为头等顾问官，钦此。"这既重新激发了张謇对清廷的幻想，也增强了他向清廷进言立宪的勇气。尽管这年他为翁同龢写的挽联再次提到"党锢"问题，但已不再为帝后党争可能带来的迫害担忧。

张謇一向不愿做官，即使在受到清廷重视以后也依然未改初衷。可是这次却毫不推辞就接受了任命，他在三月初五日日记上写道："江海之臣，宦情久绝，忽被恩命，甚愧而逾。顾官为新制，又系实业，于经营实业界中，或者小有裨益，是则王命之孚为可感矣。"张謇年过半百，久经沧桑，

摄于 1904 年的《江宁合宴图》，前排左起魏光焘、缪荃孙、张之洞、盛宣怀、张謇；后排左起为魏允恭、蒯光典、黄建管、徐树钧、胡廷。其时张謇为湖广总督张之洞和两江总督魏光焘拟定了请求实行君主立宪的奏稿，拉开了立宪运动的帷幕。

志趣未改，倔强如故，但毕竟深悉世情，待人处世也变得略为圆通一些。在清末实业界，头面人物均有官衔，绅商对朝廷和地方官府自称"职商"，职者即指官职，尽管多系虚而不实。商部顾问官而又冠以头等，自然抬高了张謇的社会地位，也增强了他发言的分量，岂但于经营实业界中"小有裨益"，即使对于推进立宪运动也大有好处。因此，张謇对于主持商部工作的载振，态度也有微妙的变化。他不仅为婉辞主持全国商会及丝茶公司的聘请给载振写了谢启，而且在第二年春天还为人改定《寿振贝子诗》三十韵，并亲自为载振写寿屏、贺函。这自然不属于私人有所于求，而是为实业和立宪谋求各方面的助力，至少是尽量减少一些阻力。

当时，两江总督刘坤一已经病逝，先由张之洞署理两督，后由魏光焘接任。魏属湘系老人，年已 67，给张謇的印象是"言论之间，亦老于世故"。其实，与魏同岁的张之洞也逐渐减退了先前的活力，张謇曾多次谒见都碰上此老高卧未起而败兴归来。但是张謇为了推动立宪，仍然不得不求助于都是 67 岁的这两位江、鄂总督，正等于他也不得不违心联络载振之流一样。光绪三十年（1904）三月，张之洞入京觐见后回鄂途经南京，与魏光焘共同邀请张謇共商立宪事宜。张謇欣然前往，三月二十二日到江宁住在商务局，第二天就拜访张、魏二督，议定由张謇与蒯光典代为起草请求实行立宪的奏稿。张謇在南京停留半个月，直到四月七日才去上海。在此期间，他参考其他督抚立宪奏稿，与蒯光典反复商讨起草，并将奏稿送请各方有关人士传阅"磨勘"。到上海后，他继续与汤寿潜、赵凤昌（张之洞前幕僚）等反复修改，又不断寄请魏光焘与其他外地人士征求意见，前后总共十易其稿，可见态度之极端谨慎。他对张、魏二督及此稿并不完全满意，曾与偏远的云贵督抚丁振铎、林绍年请求变法的电奏相比较，认为丁、林"敢言之气，当为本朝第一"；张之洞有关立宪的议论虽尚明晰，但"其气甚怯"。

在此期间，除张之洞、魏光焘外，张謇还积极联络其他各省督抚，希望他们采取一致行动，共同敦促清廷实行君主立宪。其中特别值得提出的是，张謇与袁世凯绝交二十年以后的正式复交。

辛丑以后，由于李鸿章的病逝，袁世凯已经继任直隶总督兼北洋大臣，并且先后与掌握军机处实权的荣禄、奕劻等深相结纳，成为在晚清政局中举足轻重的关键性人物。所以，富有政治经验的张之洞再三劝告张謇，需要首先与袁世凯商议定妥，然后才能正式着手推动清廷立宪。同时，周家禄、汤寿潜等也作如此建议。张謇由于与袁隔绝已久，而且素知袁既有权势欲又颇多心机，所以起初态度相当谨慎。光绪三十年（1904）四月十二日，他首先通过袁的亲信杨士琦，了解袁最近的政治见解。直到五月十三日，他才正式给袁世凯写信，促其奏请立宪。

袁世凯由于地位不同，既是封疆大吏，又没有弄清慈禧真实意向，所以态度更为持重。尽管张謇劝他做中国的伊藤博文，他却含糊地回答："尚须待之以时。"张謇继续争取袁世凯的支持，于光绪三十一年（1905）八月间，托吴彦复（吴长庆之长子）北上向袁面陈一切，并给袁写了一封信。此信除劝袁不要继续上疏禁止抵制美货以外，主要还是敦促袁带头奏请立宪。他向袁再次进言："日处高而危，宜准公理以求众辅。以百人辅，不若千；千人辅，不若万；万人不若亿与兆。自非有所见，不为公进此一言也。且公但执牛耳一呼，各省殆无不响应者。安上全下，不朽盛业，公独无意乎？及时不图，他日他人，构此伟业，公不自惜乎？"张謇对袁世凯的个性颇为了解，不仅晓之以义理，而且喻之以利害。袁世凯只要看见利之所在，是决不会甘心"万事居人后"的，张謇的进言在一定程度上正是利用了袁世凯的政治野心。

由于立宪运动已在全国范围蓬勃发展，清廷又有利用立宪以安抚国民的意向，所以袁世凯的态度转为明确。他也回信恭维张謇说："各国立宪之初，必有英绝领袖者作为学说，倡导国民。公夙学高，才义无多让。鄙人不敏，愿为前驱。"袁世凯也极力奏请立宪。清廷在各个方面促进下，终于在光绪三十二年（1906）七月十三日下诏预备立宪。为此，张謇又给袁世凯写了一封信："自七月十三日朝廷宣布立宪之诏，流闻海内外，公之功烈，昭然如揭日月而行。而十三日以前，与十三日以后，公之苦心毅力，如水之归壑，万折而必东，下走心独喻之。亿万年宗社之福，四百兆人民之命，系公是赖。小小波折，乃事理所应有。以公忠贞不贰之心，因应无方之智，知必有屈信尽利者。伟哉！足以伯仲大久保矣。吴武壮（吴长庆）有知，必为凌云一笑。而南坛、汉城之间，下走昔日之窥公，固不足尽公之量也。"最后提到的"南坛、汉城"之往事，实际上就是为《与朱曼君及叔兄致袁慰亭函》那封绝交信致以歉意，表示愿意尽弃前嫌，重续旧好。

张謇别无其他选择，亡国危险仍然存在，革命高潮即将到来，推行立宪必须依托各地督抚的实力，而这就必然要把联络袁世凯视为活动的重点。

文艺需要激情，政治则需要心计。联络袁世凯，对于张謇来说，主要是受立宪运动的驱使，与翁、张交谊的诚笃深厚不可相提并论。但是，由于地位与作用均已显著增强，袁、张之间的联络与分合，对于清末民初政局的影响，却又是翁、张交谊所不可比拟的。

三、预备立宪公会

光绪三十二年（1906）是资产阶级革命派走向广泛发动武装起义的一年，也是立宪运动在全国范围走向空前高涨的一年。

以孙中山为首的资产阶级革命派，虽然早在光绪二十年（1894）即已成立兴中会，并于次年在广州作最初的武装起义的尝试。但在国内影响较小，许多新派人物寄希望于康、梁的维新变法，却不知孙中山宣传并实践的革命为何物，有些人甚至以为孙中山是个桀骜不驯的江海大盗。戊戌变法失败以后，一向主张自上而下改良的维新君子们也成为海外流亡之徒。尽管康有为倡立了保皇会，但梁启超、欧渠甲等年轻的门徒则曾倾向并宣传过共和与革命，在自立军起义过程中两派也曾经有过合作关系。但是由于康有为"不忘今上"，始终坚持顽固的保皇立场，加以梁启超到处宣传"名为保皇，实则革命"，蒙骗并夺取了大多数兴中会的群众，此后两派即逐渐势如水火。孙中山首先起来批判保皇党人为虎作伥，同盟会成立以后又以《民报》为主要阵地，从理论到现实与保皇派展开系统的论战，有力地推动了民族民主革命思潮的传播。并且在光绪三十二年（1906）萍浏澧起义以后，在两广和云南边境发动武装起义。

张謇与康、梁的情况不同，他既没有与革命派合作的经验，也没有与革命派有过直接交锋。起初，他对革命派了解甚少，以为无非是幼稚青年惑于自由平等之说，或是由于种族之见太深。他对自由平等学说持保留态度，因此主张对青年学生实行"干涉主义"。但他更多地是以从事教育的长者姿态出现，侧重于对学生的开导和劝说。甚至当同盟会成立后，大批留日学生为反对日本政府取缔规则而纷纷归国之际，他虽认为学生过于"浮嚣"，却与赵凤昌等积极筹划接待与安置。当时，由于两任驻日公使蔡钧、杨枢夸大事态，盛传回国留学生多为革命党，形势颇为紧张。张謇却不以为然，经过向留日学生调查，他在日记上写道："知杨使所传革命事不尽确，盖一二浮动少年激于鄂督之奏疏、政府之意向，持论过激，而孙党乘而煽之，亦数十人而已。而杨使畏葸，乃故张而大之也。"他担心矛盾激化，反对扩大事态。

但矛盾毕竟迅速激化，张謇终于直接感受到革命党人的挑战——最初是吴樾在北京车站暗杀出洋考察政治五大臣的炸弹声。当天深夜，《时报》主持者狄葆贤前来向张謇报告："五大臣临发都门，炸药忽发，泽公、绍商丞微伤，送行者毙二人，伤数十人。"张謇认为："此必反对立宪人所为也，如此则立宪尤不可缓。"他当即起草给端方的电稿，并请"奏布明诏，以消异志。"吴樾的壮烈牺牲，不知推动多少爱国青年投身革命；但是在炸弹爆烈、血肉横飞之际，他却万万没有想到自己的行动在客观上也促使立宪派加快了步伐。

虽然延宕达三个月之久，但由于已发之王命不可收，五大臣经过略作人员调整，终于出洋考察政治，这在海内外立宪派看来就是一次胜利。梁启超为他们捉刀代笔，起草考察报告，重新与国内某些王公大臣建立了联系。张謇对此也极为重视。当出洋大臣回到上海时，张謇专程前来与载泽、端方、戴鸿慈等商谈，并发起商、学两界公宴端、戴，与随行的各省提学使也曾多次会晤，加强了彼此的联系。同时，他还为端、戴起草了《为立宪致各省督抚电》，以扩大此次考察的影响。

四大臣（李盛铎因出使比利时未归）回到北京后，立即向慈禧多次奏请立宪。他们反复申说，只要仿行日本宪法就可以得到三大好处：1．"君权永固"；2．"外患渐轻"；3．"内乱可弭"。其实这都是梁启超、张謇等早已说过的老话，只不过载泽、端方等是满族亲贵大臣，他们的进言比较容易得到慈禧的信任。为此，慈禧特地召开一次御前会议，于七月十三日正式颁布诏谕，宣称："大权统于朝廷，庶政公诸舆论"，预备仿行立宪，等几年以后察看"民智"程度，再行决定正式立宪的时机云云。

预备立宪的"国是"总算确定下来了。尽管清政府拖延和欺骗的手法受到革命派的谴责和揭露，可是国内外立宪派却大为捧场，纷纷在各地"开大会，举祝典"，表示热烈庆贺。这就是张謇给袁世凯信中所说的，"自七月十三日朝廷宣布立宪之诏流闻海内外"云云。但洞悉朝廷内情的袁世凯却并不乐观，他给张謇的回信连称"惶愧，惶愧！方今事变之亟，任事之难，如运百斛舟于惊风骇浪之中，而欲其诞登彼岸，行百里者半九十，岂不信然"。事实也正是如此，即使在七月十三日诏谕预备立宪以后，统治阶级中的顽固势力仍然持怀疑与反对态度。他们一怕削弱君权，二怕丧失满族亲贵特权，三怕政体改革势将引起更大的动荡不安。如果深入观察，即可发现清廷宣布立宪主要是迫于形势，缺乏必要的主观能动性。

就是在赞成预备立宪（不管认识程度及是否有诚意）的王公大臣中，也还存在满汉地主阶级之间的矛盾，而这又往往表现为中央与地方的矛盾。当然，满人亲贵之间、汉人大臣之间也存在着不同派系的矛盾，并且相互交织在一起。统治阶级内部各派之间对于权势的争夺总是无止无休的，因此他们的内部矛盾也就从来都是不可克服的。

不过，从当时的实际情况来看，统治阶级间中央与地方的矛盾是主要的。这是由于，正如本书前面已说过的，清朝皇室和亲贵集团所最为担心的"内轻外重"趋向继续向前发展。对于最高统治者来说，"内轻外重"的威胁并不下于革命。因为甚至还在革命爆发之前，地方实力派的崛起就有可能夺取中央统治者权力的大部以至全部。清廷是以少数民族统治全国，对此自然更为敏感。

慈禧是一个非常精明而又善于玩弄权术的宫廷贵妇。她曾与恭亲王奕訢结成同盟，依靠列强的支持，通过辛酉政变扫除肃顺等政敌，取得了最高统治权力——垂帘听政。并且又利用汉族地方实力派湘、淮等系军队，镇压了太平天国、捻军和其他各族人民起义，重新恢复中央皇室的权威，恢复了政治局势的平衡。她长期生活在宫廷之内，心胸狭窄而又工于心计。她缺少近代政治眼光，更谈不上什么治国安民的雄图大略。她考虑的只是如何维护自己历经艰险所赢得的绝对权威，然后才是爱新觉罗皇室世系的延续。她利用奕訢，但又唯恐这位亲王"功高震主"，不断地打击、折辱、罢斥，直至使奕訢在政治上不再具有任何重大影响。她不能容忍有任何人凌驾于自己之上，包括自己的亲生儿子同治小皇帝。同治不幸早死，她又选择另一个小皇帝光绪。把这些乳臭未干的孩子管教得服服帖帖地坐在龙椅上，完全按照她的意志来治理天下，这使她感到一种极大的甚至是不可缺少的满足。她要求于这些小儿皇帝只是他们的孝敬恭顺，而并非英断多谋。所以，当光绪在甲午战争和戊戌维新期间刚刚表现出有所作为的时候，她就毫不犹豫地把光绪囚禁在瀛台，直至把这个青年人折磨成为一个活死人。她曾经选择溥俊，目的也无非是再调换一个可以任意摆弄的儿皇帝。只是由于社会舆论的强烈反对，再加上列强的出面干涉，才使她不得不有所收敛。

应该指出，慈禧对付地方实力派，则要比在皇室内部的争权夺利困难得多，因为她所面临的是若干个拥有兵力、财力、物力和地盘的实体，而且这些实体还有一定的社会基础。在中央和地方之间，每逢出现利害冲突和政见分歧之际，如果她需要采取任何重大对策，都必须首先通盘权衡各种政治力量的对比，而首先是中央和地方政治力量的对比。她利用湘、淮等系镇压农民起义，又利用湘、淮等系办洋务。及至中央集权专制的网络得到恢复与相对稳定，而湘、淮等系实力逐渐膨胀，她又利用湘、淮等系之间的矛盾玩弄权术，并且利用"清议"来牵制洋务派。当一部分清流围绕在光绪周围形成帝党，并与维新派联合推行变法图强时，她唯恐大权旁落，又依靠淮系打击迫害帝党和维新派。她很善于在各派政治力量之间寻求平衡，但可惜这种平衡最后听命于一个昧于世情的落后头脑。

在清廷"改革官制"的过程中，暗中的争夺颇为激烈，其中既有铁良、善耆等与奕劻、袁世凯的矛盾，也有袁世凯与汉族大臣瞿鸿禨之间的矛盾。

光绪三十二年（1906）七月十四日，清廷谕令载泽、世续、那桐、铁良等八名满大臣，与张百熙、袁世凯、徐世昌等六名汉大臣会同编纂新官制。其下则设有以杨士琦、孙宝琦为提调的新官制编制馆，具体草拟提供讨论的官制改革方案。最初经由奕劻等核定上奏的方案显然对袁世凯有利，它建议取消军机处，改设内阁；内阁设总理大臣一人，左右副大臣各一人。从当时的情势来判断，如果这个方案付诸实行，则奕劻必定出任内阁总理大臣，袁则很有可能成为掌握实权的副总理大臣，北洋集团势力将更为膨胀。这当然要引起满族亲贵的猜疑和反袁派汉大臣的忌恨。经过瞿鸿禨等人在慈禧面前的进言阻挠，清廷于九月二十日下谕："军机处为行政总汇，雍正年间，本由内阁分设，取其近接内廷，每日入值承旨办事，较为密速。相承至今，尚无流弊，自无毋庸复改内阁。军机处一切规则，着照旧行。其各部尚书，均着充参预政务大臣，轮班值日，听候召对。"一方面把旧官制军机处说成是"相承至今，尚无流弊"，从根本上否定了官制改革的必要性；另一方面又把现在要建立的近代政治体制的内阁，说成是改回到旧官制的内阁。这样愚昧落后的指导思想，自然把所谓官制改革弄得不伦不类。其结果无非是裁并、增设几个和更易几个部院的名称而已。立宪派的希望落了空，袁世凯的如意算盘也落了空。

更为引起各方面不满的，是经过所谓官制改革以后的人事安排。清廷各部例设尚书二员，满汉各一；侍郎四员，满汉各二。但改革以后，十一个部的十三个大臣、尚书之中，满族亲贵七人，蒙古贵族一人，汉族官僚五人，连以前那种表面上的对等也没有了。其中，以铁良出任陆军部尚书，从袁世凯手中收回北洋军一、三、五、六等四镇的指挥权，并宣布各省新军统归陆军部管辖，这就更为明显地暴露了满族亲贵企望加强以自己为核心的中央集权的政治意向。情况正如《民报》一篇文章所说的那样："满洲政府所以谋中央集权者，以少数民族制驭多数民族所不得不然之结果也。"

满族亲贵集团如此露骨地谋求加强中央集权专制，不仅增加了汉族地方实力派的反感，更使立宪派感到失望。他们决心进一步组织起来，发动全国各界人士联合向清廷施加压力，预备立宪公会就是在这样的背景下成立起来的。

人们可以看到，张謇在光绪三十二年（1906）活动特别频繁。他自己在这年除夕的日记上算了一笔账："计本年元月至除夕，在家凡三十九日，东西南北，未有若是之役役也。最（撮）其事由，大半为路事。"所谓"路事"即争沪宁铁路的修筑权利，但这绝非他活动的全部。从九月以后的日记可以判断，除"路事"外他还频繁地参加江苏省教育会及图书公司等各种会议，简直是在会议和公私酒宴中过生活。从张謇的主观意图来考察，这些活动都可以看作是立宪的准备，而作为其直接的结果便是预备立宪公会的诞生。

预备立宪公会于光绪三十二年（1906）十一月初一日在上海成立，由郑孝胥致第一次开会报告词。他首先说明该会的定名，是根据七月十三日上谕所曾指示："使绅民明晰国政以预备立宪。"该会的宗旨主要是教育国民，从思想上为立宪作准备。他认为中国数千年来都是家天下制度，而人民的弱点则是"苟安偷活"四字。"苟安"系对于国政而言，即"卑贱"屈从于"尊贵"的绝对权威，无丝毫权利可言。"偷活"系对于"身家"而言，"人人皆暂救目前，绝无顾全大局之思想"。他主张，对于国政应革除"苟安"而提倡"责难"，即人民应加以关心、研究、议论，以供政府采择。对于"身家"应革除"偷活"而提倡"图存"，首先是调查"工商实业之利弊"，以求"民生之发达"。这篇报告词反映了东南绅商积极要求参与政治，其民主意识也有明显增长。

预备立宪公会推定郑孝胥为会长（以后郑辞职，先后改为朱福诜、张謇），汤寿潜与张謇为副会长。其主要成员大多是江浙工商业者和具有开明倾向的东南名士。据《预备立宪公会报》卅四年第二十期所载选举董事名单，除郑、汤、张三位会长外，还有许鼎霖、李平书、李云书、周廷弼、周金箴、王一亭、王清穆等，这些人都是江浙地区极为活跃的上层绅商；此外则是一些与他们关系非常密切的名流文士，如张元济、高梦旦、孟昭常、孟森、李廷栋等。另外，一些江浙资本家以及与工商界关系密切的知识界头面人物，如叶惠钧、王同愈、刘垣、刘树声、沈同芳、狄葆贤等，也是会中的活跃分子。

预备立宪公会在上海成立，绝不是偶然的，它反映了江浙资产阶级的开始崛起，同时也反映了上海正在迅速成为与北京遥相对峙的革新势力的中心。

这个社会团体在政治上也逐渐活跃起来。早在光绪二十九年（1903）春，拒俄运动全面展开之始，《中国四民总会知启》的附言即已特别强调："本会既为地方议事厅之先声，上海一埠为通商最盛之地，商家居住最繁。以各国由多数人举代表人之例言之，凡我商人宜发爱国之热诚，本爱国之天良，届期多来，聚议办法，忽失体面为要。"这说明江浙资产阶级的国家观念，确实是正在"镂之而愈深，恢之而弥广"。到了光绪三十一年（1905），上海商务总会成为全国范围抵制美货运动的倡导者，而各地商会也曾经是当地运动的发起者与组织者。张謇对这次运动虽然没有支持到底，但是却为此受到很大鼓舞。他曾经写信给兵部尚书铁良说："海上欧人，以华人不用美货为文明抵制，涨力甚速，忌我立宪，观是乃愈不可缓。"立宪运动显然从抵制美货运动中汲取了力量。

张謇自参与"东南互保"以后，与上海官、绅、商的联系都有明显的加强。大生纱厂创办的成功，以及其他实业、教育方面的开拓，更使他在江浙资产阶级当中赢得很高的声望。这个群体不仅认可他、接受他，而且还把他推举到领袖地位。他与上海商务总会总理曾铸交谊甚厚，在抵制美货运动中密切配合；与上海工程局（自治公所）的首脑李平书接触频繁，成为地方自治方面的志同道合者；与历任上海道如袁树勋、瑞澂等筹商地方要政，甚至共同创办瓷器等公司。张謇不再是多年以前到处求援而又到处碰壁的寒素文士，他像一个英雄似的来到上海，许多企业、许多团体、许多会议都以能有他的光临为荣宠。而东南地区以至全国其他许多地区，新式绅商的眼睛都瞩望着上海，瞩望着张謇、汤寿潜和他们的同道。

预备立宪公会不仅是江浙以至东南地区立宪运动的核心，而且对全国立宪运动也起着主导作用。他们通过马良、雷奋、狄葆贤等与康、梁领导的政闻社取得联系，与国内其他地区的立宪团体（如湖北宪政预备会、湖南宪政公会、广东自治会等）关系更为密切。他们除以《预备立宪公会报》作为机关刊物外，还出版其他立宪书刊向全国发行。如孟昭常写的《公民必读》初编，再版至27次，河南一次就订购一万部；二编，广西一次订购十万部；各地商会订购者亦多。孟森、杨廷栋等人撰写的普及立宪知识的读物，在全国各地也很流行。当时颇有影响的《时报》，在狄葆贤主持下已经成为张謇和预备立宪公会的喉舌。《时报》本来是康、梁作为政闻社的国内舆论机关而加以支持的，却不料它这么快就投向张謇等人的怀抱。康有为的门徒徐勤、汤觉顿气得大骂狄葆贤是"叛党之人"，并且向老师报告说："《时报》最依附张謇、曾少卿（铸），外人皆云苏省之机关，非吾粤之报，更非吾党之报。"此事不仅反映出政闻社与预备立宪公会的矛盾，而且反映出张謇与预备立宪公会在国内的号召力远远超过流亡海外的康、梁和政闻社。

由于预备立宪公会约有一半会员曾投资近代企业，所以它对通过立宪维护工商业者的合法权利特别关心。该会曾在光绪三十四年（1908）年例大会上说明自己的宗旨："又以社会经济困穷，由于商业不振，由于法律不备，故于上年发起拟订商法草案一事。及今一年，公司法已将告成。若明年上之政府，竟蒙采用，奏准颁行，则公司一部分先已增订完备矣。今天下工商实业，何一不待公司而后兴，公司发达则商人利赖何可限量，此本会振起商界区区之微志也。"调查商业习惯和拟定商法草案的活动开始于光绪三十三年（1907），并且邀请各地商会派代表来沪开会讨论。据文献记载，正式派代表与会的共有88个商务总会、商会、商务分会、商务分所，其中包括海外新加坡、三宝垄、长崎等地华商总会，此外还有黑龙江等30余处商会以书信形式参加讨论。讨论的结果是"以预备立宪公会主讨论编纂之任"，即把拟订商法草案的全权委托给该会。张謇在这一活动中处于倡导地位，因为他在要求改进税政和兴办各种实业活动中，早已深为缺乏近代商业立法所苦，并且怀疑清朝政府各部是否具备各项立法的条件。譬如，他曾指责学部："以法令为罔上之美观，以章程为欺民之幻术。"他和预备立宪公会都希望把草拟商法草案的主动权掌握在自己手中，并且通过各地商会的联络共同促使清廷采纳他们的草案。

当然预备立宪公会的主要活动还是侧重在政治方面，它在筹建咨议局与国会请愿运动中都发挥了重要作用。

第二节　咨议局与请愿

一、江苏咨议局

正当各地立宪派纷纷组织政团的时候，清廷也不断发布诏谕，进一步作出预备立宪的姿态。

光绪三十三年（1907）八月十三日，清廷谕令设立资政院作为正式议院的基础。九月十一日，谕令各省筹设咨议局并预筹设立州县议事会。次年六月十日，资政院奏拟院章，随即又颁布了咨议局章程及议员选举章程。清廷这种姿态，当然是为了对付正在长江流域和华南地区兴起的革命运动，可是却大大增强了立宪派对它的幻想，广东、江浙、安徽、直隶、吉林、山东等省的绅商代表于是纷纷呼吁召开国会。

张謇在光绪三十三年十二月九日即已与汤寿潜、蒯光典等筹议有关国会和立宪问题。次年（1908）五月，由郑孝胥领头以江浙绅商名义电请召开国会。此后，联名通电要求召开国会的做法蔚成风气，形成颇为引人注目的舆论声势。光绪三十四年秋，张謇正式奉旨筹办江苏省咨议局。十月，他在南京碑亭巷设立筹办处。具体负责筹办江苏咨议局的是一个清一色的官绅班子：总办是江宁布政使樊增祥、提学使陈伯陶，会办是江宁盐巡道荣恒、江苏候补道李瑞清、赵从嘉、熊希龄等，总理是张謇，协理是在籍翰林院编修夏寅官、丁忧前广东高雷阳道段书云、安徽候补道许鼎霖、前陕西富平知县仇继恒等。由于张謇的身份和社会影响，加以还有熊希龄、许鼎霖等志同道合者的协助，他仍然能在筹备工作中起指导作用。

江苏咨议局筹办处成立以后，又先后设立咨议局调查会、咨议局研究会，目的都是促进筹办工作。同时，张謇等在鼓楼东北选定会址，并派人参观日本议院建筑，搜集有关设计图纸，抓紧咨议局基本建设。宣统元年（1909）八月，咨议局正式开会，张謇以五十一票（到会者九十五人）当选为议长，仇继恒、蒋炳章为副议长。这一新的民意机构可以说是张謇一手苦心经营的。尽管根据《各省咨议局章程及议员选举章程》规定："咨议局钦遵谕旨，为各省采取舆论之地，以指陈通省利病，筹计地方治安为宗旨"，而且它所通过的议案只有报请本省督抚认可才能生效。张謇在第一届开会式上也强调："官民不可分而后有政治。"但是，它毕竟较多地反映了在野绅商的意愿，在一定程度上对各省督抚起了监督和评议的作用，至少可以被认为是议会政治的初步训练。

咨议局一经成立，便极力争取成为真正的立法机构。张謇在第一届常会提出并得到通过的《本省单行章程规则截清已行未行界限分别交存交议案》，要求凡在咨议局开办以后所订的本省单行法，都必须经过该局议决，然后才能呈请公布生效。第二届常会议决的《本局议案公布施行后之实行方法案》，则规定地方官必须按期报告咨议局议决案的施行情况，如故意拖延不办者则据实给以纠劾。

尽管议员们还缺乏应有的议会政治素养，但他们的工作态度还是认真的。在第一届常会期间，江苏巡抚瑞澂交议的改定厘金征收办法一案，咨议局经过讨论认为损害商民利益，当即予以驳回。这样当然就容易引起咨议局与地方官员之间的争执与冲突。两江总督张人骏，愚昧而又顽固，由于他一直持对立态度而更加引起咨议局的不满。他札复第一届咨议局常会十一件议案，两件交令复议，五件予以驳回。宣统二年（1910）夏天，上海三家钱庄倒闭，引起巨大金融风潮。张人骏未经咨议局讨论，即向上海洋商借债 300 万两以维持市面。此事本身自需急办，但问题在于完全撇开民意机构，所以咨议局认为总督无视该局权限，擅借外债，属于违法侵权行为，要求资政院核办。宣统三年（1911）二月初，咨议局召开临时会，讨论宁属预算案，对张人骏原提案删减 30 余项，涉及银数 50 余万两。张人骏拒绝公布，也不交局复议，竟按原案执行，这就引起一场极大的风波。张謇、副议长和常驻议员全体辞职，咨议局等于无形解散。

江苏咨议局的斗争绝不是孤立的，张謇和其他立宪派议员已经很善于运用社会舆论的力量。当时，上海影响较大的报刊《申报》《时报》《东方杂志》等都站在江苏咨议局一边。英商创办的《申报》，自光绪三十三年（1907）被席子佩买下以后，言论即为张謇所左右，政治倾向几乎是亦步亦趋。《时报》主人狄葆贤、主要撰稿人雷奋都是预备立宪公会骨干，且已当选为江苏咨议局议员，自然与张謇步调更为一致。《东方杂志》的实际主持者张元济亦为预备立宪公会领导人之一，且与张謇共同筹办全国教育会。该刊主编孟森则为张謇依赖极深的助手，也当选为江苏咨议局议员。因此，每逢咨议局与总督发生冲突，这些报刊均以激烈的言论攻击张人骏。如《时报》即曾斥责张人骏，"以排斥咨议局为保持禄位之第一妙诀"。预算案斗争展开后，除新闻界支持江苏咨议局以外，南京绅商学界成立预算维持会，有 250 余人参加，苏籍在京官绅也集议揭露江督劣迹。此外，各省咨议局也纷纷致电声援，使张人骏顿时陷于孤立。

以上这些斗争虽然大多未能获致预期效果或以妥协而终结，但毕竟具有近代议会政治——立法与行政对等的意味，张謇领导的江苏咨议局因此在全国赢得了声望。

江苏省咨议局与其他各省咨议局相继成立以后，在一系列政治斗争中彼此加强了联系，所以又有各省咨议局联合会的成立。

该会于宣统二年（1910）七月五日成立于北京。出席第一届会议的有代表各省咨议局的议长、副议长 10 人，议员 38 人。湖北咨议局议长汤化龙当选为主席，四川咨议局副议长蒲殿俊为副主席，江苏咨议局的杨廷栋、雷奋、孟森 3 人当选为审查员。这次会议主要是商讨国会请愿问题，并决定每年六月在北京举行常会一次，讨论各省咨议局利害有关之事，准备提交资政院的议案以及本会章程规则等。由于革命形势的迅速发展，第二届常会提前于宣统三年（1911）四月召开，到会的有各省议长、副议长22人，还有资政院议员18人，以及各省咨议局议员代表23人。会上选举湖南咨议局议长谭延闿为主席，直隶咨议局副议长王振垚为副主席。此次会议的特点是咨议局议员对政府已经完全失望，所以不再有任何兴趣预备向资政院提交的议案，而更多的是探讨如何组织自身的实力以谋推倒政府，或至少在现政府自行倾倒以后维护和发展自己的权利。

由于国会请愿运动和各省咨议局联合会的政治趋向愈来愈激烈，一向持重的张謇为避免嫌疑没有参加此次会议，预备立宪公会的成员对于此次会议也不如过去的主动与积极。

二、国会请愿

宣统元年（1909）是立宪派自命得意的一年。在这一年，革命党人的武装起义，由于前两年的连续失败，暂时陷于消沉。清朝政府由于光绪、慈禧先后死去，忙于内部权力结构的重新调整，也不得不作出几分俯从民意的开明姿态。各省立宪派不仅有了自己的阵地、讲坛，而且还加强了彼此之间的联络，形成了一定的声势。他们看到自己的力量，并且把握有利的形势，迅速发起了全国范围的国会请愿运动。张謇在这一运动的初期起了重要倡导作用。

八月三十日，张謇利用咨议局开会时机，事先与江苏巡抚瑞澂以及雷奋、杨廷栋、孟森、许鼎霖等商议，决定联合各省督抚及咨议局一致要求召开国会和组织责任内阁。瑞澂虽是满族官员，却比两江总督张人骏较为开明和圆通。他在上海道任期内以及创办景德镇瓷器公司等企业活动中，与张謇已经建立了相当良好的合作关系。所以，张謇等撇开总督而谋求由巡抚出面，这自然是对张人骏表示的一种公开轻蔑，也反映咨议局与地方政府之间矛盾加深。经过讨论，决定由瑞澂出面联络各省督抚，要求组织责任内阁；由张謇出面联络奉、黑、吉、直、鲁、浙、闽、粤、桂、湘、皖、赣、鄂等省咨议局，要求尽早召开国会。

此后，张謇派孟昭常、杨廷栋等到各省加紧联络，浙江立宪派头面人物汤寿潜等也亲自到外省活动。江苏咨议局从九月一日到十月十九日不断开会，紧张地进行准备。其间，汤寿潜还把张謇邀到杭州，向浙江巡抚增韫当面说明召开国会及组织责任内阁的必要性，增韫表示完全同意瑞澂的意见。这样，江浙两省的巡抚和咨议局在立宪问题上首先取得政治态度的一致，因此很自然地便在国会请愿运动中处于倡导和中心地位。

经过各地频繁的活动，到十一月七日已有七省咨议局代表到达上海，当即决定每天在预备立宪公会开会一次。不久，十六省咨议局代表到齐，包括奉、吉、直、陕、晋、鲁、豫、湘、鄂、苏、赣、皖、浙、闽、粤、桂，总共 50 余人。他们在预备立宪公会事务所开会，推定福建咨议局副局长刘崇佑为主席；经过多次磋商决定组成 33 人的请愿代表团，定名为"咨议局请愿联合会"，由直隶咨议局代表孙洪伊为领衔代表，方还（苏）、罗杰（湘）、刘兴甲（奉）、刘崇佑（闽）四人为干事。

会议期间，湖南咨议局代表出示"善化徐君断指请开国会之血书"，殷赤淋漓，字迹斑斓，其他各省代表也极为感奋，决定十五日由上海各界人士开欢送大会，十六七日代表团分道出发。出发之前，张謇设宴钱行，并作《送十六省议员诣阙上书序》，以壮行色。同时，张謇又连夜改定《请速开国会建设责任内阁以图补救意见书》。

《送十六省议员诣阙上书序》主要是向请愿代表进言。

当时，否定国会请愿的论调有好几种，张謇归纳为：1．"庚子一哄，金瓯无阙,今奚所睹而无病而呻,而曰国会。"可以名之曰国会无须论。2."国会非枪非炮,非雷非舰,不足救亡,徒自扰攘。"可以名之曰国会无用论。3."国会名义爱国,防阌侵害,或转召亡。"这可以名之曰国会有害论。4."立宪者,涂饰黔首耳目之具耳。"可以名之曰国会骗局论。5."国亡有任其咎者,何预人事而为分谤。"可以名之曰无须国会分谤论。

赞成国会请愿的意见也并不完全一致,但张謇只列举了三种:1."不请则已,请必要于成,不成不返。"张謇认为这已经流于偏激。2."不得请,当负斧锧死阙下。"张謇认为这更过于激烈。3."国亡非政府所恤,议员既负十六省人民代表之重,而上书之议员又代表十六省议员之责。居三累之上,当孤注之危,成非奇功,不成奇辱,进易而退难。"代表还未出发,这种议论已经在大泼冷水。所以张謇批评道:"是说也,若甚持重,而消沮之力尤大。"

针对以上各种不同的意见,张謇陈述了自己对于国会请愿的见解。他认为亡国有两种,以往是"有形之亡国,国亡而民不尽亡";现在世界列强借托文明亡人之国,乃是"无形之亡国,国不必遽亡而民亡,至于民亡,而丘墟宗社之悲且将无所于托"。立宪与国会的作用,就是"进我人民于参预政权之地,而使之共负国家之责任",以谋所以救亡。至于请愿,则是"明乎匹夫有责之言,而鉴于亡国无形之祸,秩然秉礼,输诚而请。得请则国家之福,设不得请,而至于三,至于四,至于无尽。诚不已,则请亦不已,未见朝廷之必忍我负人民也。即使诚终不达,不得请而至于不忍言之一日,亦足使天下后世,知此时代人民,固无负于国家,而传此意于将来,或尚有绝而复苏之一日。"张謇反对请愿运动中的过激行为,但他并不排除顽固政府终必有倾覆之日,所谓"不忍言之一日"就是这个意思。明明知道请愿可能无成而偏偏要发动请愿,在张謇的头脑中有两种观念同时发生作用。一是熏染已久的传统"名分"观念。即处于臣民之地位,应尽臣民之义务，只有在竭尽义务之后仍然无从挽救君主的毁灭，方可问心无愧。一是逐渐浸润的近代"民权"观念。即注意促成国民意识的增长，忠于一朝一姓的思想逐渐淡薄。不过，从总体上来看，在国会请愿运动中，张謇的主张仍属于温和与缓进者之列。

《请速开国会建设责任内阁以图补救意见书》则主要是向皇室进言，特别是对总摄朝政的醇亲王载沣进行规劝。

载沣是已故皇帝载湉的弟弟，任摄政王时不过 25 岁。他自知地位不够巩固，实力又较薄弱，所以在加强中央集权的同时也不得不摆出一副支持立宪的架势。宣统元年（1909）二月，他以政府名义重申"预备立宪，维新图治"的诺言。五月以阻碍立宪罪名革去陕甘总督升允职务，不久又予翁同龢开复原官。十一月以"玩误宪政"罪名革去甘肃布政使毛庆蕃的职务。这些假象重新激起了立宪派的幻想，仿佛载沣竟是如此"友爱仁明"，果真继承了乃兄"至仁至圣"之心。所以《意见书》特别强调："自我德宗景皇帝立宪之诏下，而天下人民乃渐有与国家共戚均休之思想，乃渐有政治法律之理论。是今各省绅士志气激奋，千百为群，固由我德宗景皇帝至仁至圣之心鼓舞而来。设请愿而行，天下固颂监国之友爱仁明，益有以振天下之士气。"

《意见书》认为立宪预备时期定为九年，"是何异揖让而救焚"，来不及挽救国家的危亡。朝廷应该明降谕旨："声明国势艰危，朝廷亟欲与人民共图政事，同享治安，定以宣统三年召集国会。未至期以前，设有大政咨询，并得开临时国会。"同时，又请求明降谕旨，从速建设责任内阁。张謇唯恐皇室存有疑虑，所以特别强调："责任云者，以内阁代君上负责任焉耳。责任专于内阁，而君上日临而监察之。内政有失，则责内阁大臣焉；外交有失，则责内阁大臣焉。……是有人代负责任，而君上乃安于泰山。君上为责任所不及，而又有国会在下，助君上以监察此代负责任之人，而神圣之号光于日月矣。"当然，张謇也唯恐此次请愿不能触动摄政王的思想，所以在《意见书》多少施加了一点压力。他直言不讳地说："侧闻都察院新章，士民上书之限制甚严，是欲塞天下之口也。设请愿之来，竟格于院例而不达，至于再，至于三；或达而不获请，亦至于再，至于三，恐内外将有不美之观念。一二激烈之士，将以为国家负我，决然生掉头不顾之心；和平之士，将以为义务既尽，泊然入袖手旁观之派。"如果到这样的地步，清朝的前途就不堪设想。

请愿代表们带着张謇等人的期望与嘱托，于十二月初陆续到达北京。六日，正式向都察院递交由福建咨议局林长民起草并经张謇修改定稿的请愿书（即《各省议员请速开议会折》），要求朝廷在一年以内召开国会；并向一些王公大臣分别呈交请愿书副本，希望能够得到他们的赞助。二十日，请愿书总算经由都察院呈递到朝廷。对于这样的请愿运动，清廷还缺乏应付的经验。多数人对此颇为反感，但表面上却颇为优礼；少数有识之士虽赞成立宪，却又不敢出面力争，所以结果是不了了之。上谕的回答是不痛不痒的，开头是夸奖代表们"具见爱国热忱，朝廷深为嘉悦"；继而是以"筹备既未完全，国民知识程度又未画一"为借口，仍然坚持九年预备立宪之原议。

第一次国会请愿运动就这样流产了。张謇于二十四日在日记上写道："上谕国会不得请。世、鹿两相阻之云。"世续和鹿传霖都是以大学士入值军机，前者是满族亲贵中的顽固分子，后者则是帝党和维新派的老对头。张謇等人把阻止提前召开国会的罪责完全归结到他们身上，却没有看到真正掌握实权的载沣之流对于权势具有更大的吝啬性。他们认为，只要设法扫除世续、鹿传霖之流对下的阻格和对上的蒙蔽，就可以把载沣劝说得回心转意，于是紧接着又发动第二次国会请愿。

据当时《东方杂志》记载，请愿代表们接奉二十日谕旨后，即连续商议有关再次请愿事项：1. 组织"请愿即开国会同志会"（或称国会请愿同志会），总部设于京师，各省设分会，"各省绅商学界各团体及一般人民，凡加入同志会者，期以明年（宣统二年）四月间，一面上书督抚，请其代奏，一面各举代表来京"。2. 根据原来在沪决议，草拟咨议局联合会章程，定于每年六月召开常会。3. 设报馆刊行日报，加强舆论宣传。同时，民政部六品京官黎宗岳等也在京师组织"国会期成会"，并先后创办《国报》《中国报》等，为国会请愿运动声援。稍后，由各省咨议局议员集资创办、由徐佛苏秉承梁启超意趣主编的《国民公报》，也是请愿运动的得力喉舌。其他各省民间团体、民意机构亦通过多种方式纷纷响应。

宣统二年（1910）二月六日，江苏咨议局作为国会请愿运动的发起单位，在张謇主持下开会，再次作出速开国会的决议。四月，各省政团、商会、学会及华侨商会分别推举代表，陆续到达北京，联合各省咨议局代表，共同发起第二次国会请愿运动。他们以原咨议局代表为基础，重新组成了有其他各界代表参加的国会请愿代表团，并推定孙洪伊等10人为领衔代表，范围显然较前有所扩大。

五月十日，第二次国会请愿运动正式开始，十个团体同时向都察院呈递请愿书。这些团体及其领衔代表是：直省咨议局议员代表孙洪伊，直省商会代表沈懋昭，苏州及上海商会代表杭祖良，南洋雪兰峨二十六埠中华商会代表陆乃翔，直省教育会代表雷奋，江苏教育总会代表姚文枬，直省政治团体代表余德元，直省绅民及旗籍绅民代表李文生、文耀，东三省绅民代表乔占九等。各省入京请愿代表150余人，在请愿书上签名的号称30余万人。

此次请愿的声势和上书语气的急切，反而使载沣为首的清廷增加了疑虑。尽管有的请愿书强调："先帝下九年开国会之诏，全由当时时势与今不同；先帝犹是尧步舜趋之时，我皇上已处禹驰汤骤之势。"可是清廷全然不顾局势的危急，仍然坚持"尧步舜趋"，拒绝提前召开国会，并且以严厉的语气告诫请愿代表："惟兹事体大，宜有秩序，宣谕甚明，毋得再行渎请。"

立宪派对于国会请愿的再次碰壁是有思想准备的。正如张謇所说的那样："设不得请，至于三，至于四，至于无尽。诚不已，则请亦不已。"为了表示自己的诚心诚意，他们很快又发起了第三次国会请愿运动。但立宪派对于清廷的不满也在日益加强，孙洪伊等宣称："请愿无效，决为三次准备，誓死不懈。"并预定在宣统三年（1911）年初举行第三次请愿，各省征集在请愿书上签名至少须百万以上，来京代表路近省份须百人以上，偏远省份至少须50人。他们决心以更大的声势与包括"不承认新租税"在内的更切实的手段反对假立宪，并迫使清廷立即召开国会。

九月一日，资政院举行开院典礼，摄政王亲致祝词。对于清廷来说，资政院应当是比各省咨议局带有更多御用色彩的咨询机构。可是，由于在民选议员中有雷奋、孟昭常、方还、江谦、罗杰等一批极有活力的立宪派骨干，资政院也成为他们向清朝政府争取民主权利的重要讲坛。各省请愿代表团与资政院部分民选议员内外呼应，他们向载沣再次上书，到处游说达官贵人，痛哭流涕地反复说明必须立即召开国会的理由。九月二十四日，资政院内也正式提出了要求速开国会的议案，经过雷奋等人的慷慨陈词，居然赢得多数议员的支持，全场一致通过这项议案，议员们起立高呼"大清帝国立宪政体万岁！"立宪运动至此可以说是进入高潮。

清廷在各方面压力下，不得不于十月三日宣布提前于宣统五年（1913）召开国会，并且答应预行组织内阁。张謇在请愿高潮中本来打算亲自到北京有所活动，但从报上得知上述消息后立即表示"此行可免矣"。他在立宪运动中属于缓进派，这一派已经满足于清朝政府的微小让步。不过，即使是如此有限的允诺，清朝政府也缺乏起码的诚意。请愿运动的进一步扩大，资政院议员的假戏真做并且敢于公开弹劾军机，这些都使载沣等人惶急而又恼怒，他们决心采取报复措施。就在十月三日同一天，清廷谕令民政部及各省督抚立即把国会请愿代表解散并遣送回籍。同时又宣布此次缩定期限之后，即不得再作任何更动，"此后倘有无知愚氓藉词煽惑，或希图破坏，或逾越范围，均足扰害治安，必即按法惩办"。显然是想用高压政策阻遏请愿运动的继续发展。

但是，要求立即召开国会的潮流并没有因此低落。十一月十日，东三省派出十余人作为第四次请愿代表赴京上书。途经天津时，当地学生积极响应，学界请愿同志会代表温世霖等倡议全国学界罢课请愿。奉天、直隶、四川等省各学堂学生也散发传单，纷纷罢课，请愿运动确有扩大的趋势。清廷感到十分紧张，再次谕令各省督抚严禁请愿运动，随时弹压惩处。十一月二十八日，直隶总督陈夔龙奉命逮捕温世霖，随即发配新疆。

清政府的高压政策显然是愚蠢的，它把立宪派和许多赞成立宪的地方官员，逐渐逼迫走到与自己对立的方面。当然，立宪派内部急进与缓进的差异依然存在，尽管不少立宪派分子已经转向革命，但张謇等人依然想对清廷作最后的挽救。根据他在十一月十九日记的叙述，可以知道他在动身去武昌洽谈接办湖北纱布等厂以前，曾在预备立宪公会与赵凤昌、唐文治、刘柏森、雷奋、杨廷栋、熊希龄、叶景揆等有所商谈。到武昌以后，他在湖广总督瑞澂处看到各省督抚合请召开国会和建立责任内阁的电奏，并且对各人的奏稿加以品评："大较锡良、瑞澂、李经羲、袁树勋、程德全、丁振铎为切要，赵尔巽、孙宝琦、增韫、陈夔龙、周树模次之。"这时，张之洞已死，袁世凯被黜；端方已调升北洋大臣且在一年前去职，两江总督换成与他时相龃龉的张人骏，他只有转向瑞澂等后起督抚寻求支持。张謇于十一月二十九日离开武昌，行前曾与瑞澂长时间谈话，大意是强调国会及地方官须与咨议局联成一气，并且以咨议局作为他们的监督与补充云云。可见，张謇并没有继续提出缩短预备立宪期限问题，他还有再等待两年的耐心。

不过，到了宣统三年（1911）上半年，皇族内阁的建立与铁路国有政策的实施，终于使张謇对于清廷感到极大的失望。当然，这种失望心理也是积蓄已久，并非偶然发作。还在这年正月，张謇在苏州遇见袁世凯的亲信杨士琦。杨重新提起张謇前年在上海说过的话："亟求立宪，非以救亡；立宪国之亡，其人民受祸或轻于专制国之亡耳！"并且问他现在对局势的看法如何，张謇感慨万分地回答："此前年语，今视我社会动作，恐人民经不得亡，亡后但不得恢复。"

这里说的人民，主要是指立宪派以及他们所代表的上层绅商。他们忧心忡忡而又无可奈何地注视着汹涌而至的革命浪潮。

第三节　地方自治

一、"村落主义"

在倡导请愿运动的同时，张謇还积极推行地方自治和参与收回并自办江苏省铁路。在他看来，这三件事情实为一体，都从属于立宪运动。

随着自身实力的扩大与阅历的加深，张謇对于地方自治范围的理解也越来越广泛。他自己以后曾回顾说："窃謇抱村落主义，经营地方自治，如实业、教育、水利、交通、慈善、公益诸端。"不过这荦荦诸端，归纳起来还是他以前说过的实业、教育、慈善三大项；因为水利、交通都可以归并于实业，而公益与慈善又大都属于市政与社会福利范围。这里只需要强调一点，即张謇在光绪三十年（1904）以后，越来越重视地方自治的政治性质，并且把它看作是"立宪之根本"。他到处宣传："立宪基础，首在地方自治。"

办任何事业都需要经费。张謇直言不讳地指出"自治须有资本"，所以又把实业看作地方自治的"根本"。以后，他曾解释实业、教育、慈善三者之间的关系说："以为举事必先智，启民智必由教育；而教育非空言所能达，乃先实业；实业、教育既相资有成，乃及慈善，乃及公益。"张謇于光绪二十九年（1903）从日本考察回来以后，便把自己历来主张的村落主义与具有近代观念的地方自治结合起来，加强了各方面的经营建设。关于实业与教育方面的主要情况，前面业经叙述，为避免行文重复，这里只就有关情况作某些补充。

光绪三十年（1904），张謇陆续设立学校公共植物园、通州五属学务处、新育婴堂、翰墨林书局等。

光绪三十一年（1905），创建南通博物苑、吴淞商船学校，并筹议创办淮属师范学校。

光绪三十二年（1906），清政府宣布预备立宪，出使俄国大臣胡维德等先后奏请颁行地方自治制度，张謇的积极性更为增强。在这一年中，他设立了南通五属学校、铁路学校、法政讲习所、中国图书公司，协助创办复旦书院，并被推为宁属学务会长和苏省铁路公司协理。

光绪三十四年（1908），张謇奉命筹办江苏省有关立宪事宜，而首先就是着手测绘地方舆图。因为他认为："地方自治，则山林川泽丘陵坟衍原隰宜辨也，都鄙封洫宜辨也，墟落市镇道路庐舍宜辨也。旧时方志之图不足据，军用之图又不能容；然欲求自治，则必自有舆图始。欲有舆图，则必自测绘始。"此后，随着立宪运动的不断开展，他所从事的地方自治活动范围日益广泛而头绪也日益复杂。

宣统元年（1909），改良地方监狱，筹议设立导淮水利公司，并且被推举为江宁商业高等（学校）监督和江苏教育总会会长。

宣统二年（1910），积极参与筹办江宁南洋劝业（博览）会，并设立劝业研究会等。

以上这一纸简略清单，自然不足以说明张謇的全部活动，但至少可以体现出他在通海地区以至江苏全省经营地方自治的成绩斐然。以后他曾经概括地总结自己兴办地方事业的全过程："以国家之强，本于自治；自治之本，在实业、教育；而弥缝其不及者，惟赖慈善。謇自乙未以后，经始实业；辛丑以后，经始教育；丁未以后，乃措意于慈善。盖失教之民与失养之民，苟悉置而不为之所，为地方自治之缺憾者少，为国家政治之隐忧者大也。"（《拟领荒荡地为自治基本产请分期缴价呈》）

张謇的地方自治事业，从一开始就没有局限于通海地区的狭小范围，他不仅着眼于江苏全省的规划，而且还想把这种地方自治的模式推广扩大到全国。光绪二十九年（1903），他极力推动设立全国渔业公司。光绪三十年（1904），拟订南洋渔业公司办法。光绪三十二年（1906），主持筹备参加意大利秘拉诺赛会有关事宜。宣统元年（1909），协助瑞澂筹设江西瓷器公司。宣统二年（1910），发起成立全国农业联合会。宣统三年（1911），北上觐见时被派充中央教育会会长。张謇就是这样一步一步地成为全国"商学两界"以至慈善界（义赈会之类）公认的头面人物。

张謇有宏伟气魄，同时又脚踏实地。他从不骛虚名，讲究办实事。他深知中国之大和办全国性事业之难，因此宁可按部就班、由点到面、由近及远，走"垦牧乡→通海地区→江苏省→全国"这样比较稳妥的道路。不过，在这种推扩过程中间，他还曾有意于以通海地区为出发点，在苏北一带建立一个独立于江宁以外的新的政治、经济中心，以谋在更大的范围推行地方自治，这就是所谓徐州建省计划。

早在光绪三十年（1904），他赴日参观回来不久，就产生一种向往成为"实业政治家"的愿望。在一篇题为《记论舜为实业政治家》的文章中，他坦率地表露了自己的胸怀："史记舜耕历山，渔雷泽，陶河滨，作什器于寿丘，就时于负夏（原注：索隐，就时若乘时射利也）。又一年而所居成聚，二年成邑，三年成都。无论耕渔之为农，陶与作器之为工，就时之为商，其确实者矣。舜若止是自了汉，作个人事业，人孰附之。……若非舜之实业发达，亦未必人人归附于此。"由垦牧乡而通海地区，由通海地区而徐州建省，就是张謇所追求的成聚、成邑、成都的构想。

同年十月，张謇草拟了《徐州应建行省议》，请当时的江苏巡抚端方代为陈奏。此文首先说明徐州在历史上和地理上的重要地位，然后强调指出："今天下大势，英之兵舰梭织于长江，德之铁路午贯于山东。谋蔽长江，则势力必扩而北；谋障山东，则势力必扩而南。南北之际，徐为中权。"同时，此文还指出，历来人民的起义斗争，也往往是以徐州一带作为策源地。总之，为了消弭"内忧外患"，必须建立徐州行省。

至于建省的办法，张謇建议：以徐州所属一州三县，加上海州和淮安府所属各一部分，安徽的凤阳、颍州、泗州，山东的沂州、兖州、济宁、曹州，河南的归德等府的一部或全部，合共45个州县，在这里建立行省，增设巡抚，即以徐州道为布政使，淮海道兼按察使，"增官而不添员"，以免增加财政开支。同时，他还提出"训农、勤工、通商、兴学"四大要政，渴望清朝政府能够支持上层绅商在这一带发展经济、文化事业。

由于长江以南广大地区所受帝国主义控制比较严密，所以张謇希望把"徐州建省"地区作为经营地方自治和发展民族资本主义的自由天地。这个计划具有抵制英、德帝国主义的积极意义，同时也有加强清朝政府统治的用心，即所谓"盖为中原腹地治安计也"。而归根到底，这个计划对于发展落后的江淮流域经济、文化，有一定促进作用，体现了张謇热切企盼祖国早日实现近代化的惓惓之心。

《徐州应建行省议》很快便经由端方代为奏陈，但张謇苦心殚思设计出来的完整方案，到了清廷手中就变得面目全非，只剩下一个空空洞洞的"江淮省"名义。光绪三十年（1904）正月初二，张謇在新春之始就在日记上发泄了自己的恼怒："闻建设江淮省，此大谬。痴人前难说梦，信也。"此后，他请求张之洞与两江总督周馥代为力争，还有些京官也发表不同于朝命的意见。清廷于是把巡抚名义撤销，改设江淮提督，随即又给这个提督加上兵部侍郎衔，节制镇道以下文武官员，这就算是兼有巡抚职权。清廷只是以枝枝节节的官制改革来敷衍搪塞，实际上无非是换汤不换药似的改变若干官名，这自然使张謇的"徐州建省"计划完全落空。不过，张謇也并未因此放松向通海以外地区发展的努力，他与许鼎霖考察过贾汪煤矿，也倡导过淮安、海州、扬州、通州所属各地"合营自治"。只是由于实力有限，这些努力都没有取得预期的效果。

二、苏省铁路

收回与自办苏省铁路，也是张謇经营地方自治的一个重要侧面。

随着帝国主义侵略的深入，铁路在经济、政治、军事以至文化上的作用愈来愈大，而由于清朝政府的屈从列强，中国路权在 20 世纪初年已经丧失殆尽。据初步统计，到 1911 年为止，在中国全部铁路 9618.10 公里当中，被帝国主义直接和间接控制的竟达 8952.48 公里，占铁路总长 93.1%。这样严重的情况，不能不使中国人民感到触目惊心，而民族资产阶级为了争夺国内市场对此尤感忧虑。因此，伴随着光绪三十一年（1905）抵制美货运动而来的，是意义更为深远的收回路权运动。在一段时间里，资本主义经济比较发展的江浙地区，收回路权运动显得分外活跃。

苏省铁路公司计划修筑南北两线。光绪三十三年（1907）初，江南沪嘉线正式开工，与浙江铁路公司修筑的杭嘉线密切相呼应。北线原拟由海州经徐州伸入河南，由张謇负责主持修筑工程。他曾亲自在清江浦选定铜元局作为苏路公司驻浦办事所，也就是苏路北线的领导机关。以后他们就开始修建从清江浦到徐州的铁路（后又延伸到开封）。光绪三十四年（1908）六月，张謇为了专心经营北线，连苏省铁路公司协理职务也辞掉了。此后，他除了到处奔走劝集路股外，还曾多次到清江浦亲自视察北线工程。

立宪派和江浙上层绅商这样热心于铁路事务，自然不仅仅是为了"力保利权"和"力谋公益"，而且更有他们自己的利害权衡。张謇在主持苏路北线工程以后，便积极筹划修筑清通支线（从清江浦到通州）。这显然是谋求促进通海地区的经济发展，并把大生资本集团的势力扩大到整个江淮地区，逐步实现原来拟议的"徐州建省"计划。同时，张謇本人就是苏路公司的股东，苏路北线的"桥、车诸工"都由资生铁厂承包，这也可以为大集团多少增加一部分利润。

正当北线工程紧张进行的时候，苏路南线沪嘉段（从上海经松江、枫泾到嘉兴）在宣统元年（1909）四月十二日通车了。这是苏省铁路成立后首先取得的一大成就，张謇兴致勃勃地参加了通车典礼。但好景不长，时间只隔一年，清朝政府便屈从帝国主义旨意，悍然向商办沪杭甬铁路开刀了。

原来，早在光绪三十三年（1907），英国驻华公使即已多次威胁清朝政府，要求勒令苏浙铁路公司停工。但清廷害怕引起当地人民更加激烈的反抗，暂时未能允诺，才使苏浙铁路修筑取得一些进展。此后，随着帝国主义对中国路权掠夺的加强，盛宣怀怂恿清廷以"铁路国有"名义大借外债并出卖路权。同时，他们又枪打出头鸟，企图迫使商办铁路公司的领导人结束收回路权运动。张謇的亲密伙伴汤寿潜，因此便成为首先遭受打击的受害者。

当时，汤寿潜等浙江上层绅商，正在雄心勃勃地筹建跨越浙、闽、粤三省的杭广铁路，并已得到这三省和华侨中不少绅商的热情赞助。宣统二年（1910）七月，清廷命盛宣怀复回邮传部右侍郎本任，这就意味着大规模"借债筑路"的卖国政策又要加紧推行。汤寿潜对此极感不满，立即打电报向军机处抗议说："盛宣怀为苏浙路罪魁祸首，不应令其回任；请收回成命，或调离路事，以谢天下。"清政府恼羞成怒，在七月十九日发布严旨斥责说："措辞诸多荒谬，狂悖已极，朝廷用人，自有权衡，岂容率意妄陈，无非借此脱卸路事，自博美名，故作危言耸听，其用心诡谲，尤不可问。汤寿潜着即革职，不准干预路事。"这绝不仅仅是打击汤寿潜个人，而显然是向全国各地争回路权运动的参加者示威。

清政府这道极端蛮横的谕旨在江浙绅商人民当中引起极为强烈的抗议。旅沪浙江同乡会首先发起组织浙路维持会，浙江咨议局代表也在旅京咨议局代表联合会提出抗议，要求清廷在国会召开以前不得把商办铁路收归国有。此外，浙江咨议局、旅杭各府团体、浙路董事局等等单位和个人，都纷纷集会和通电反对。"汤去路亡，路亡浙亡"的愤激口号到处流传。浙路董事局更是正式要求清廷收回"汤寿潜不准干预路事"的成命，理由是"总协理之选举、撤退，权在股东"。在铁路问题上，资产阶级与政府的冲突越来越大，而这又正与同时进行的国会请愿运动一样，清廷的愚蠢措施把许多温和社会力量逼到对立的方面。

不过，反抗浪潮的主力还是劳动人民和年轻的知识分子，他们动辄聚众数千以至数万，愤怒地抗议清政府的卖国政策，并且还主动筹集路股，热心维护商办权利。在路权问题上清政府与人民的冲突日益激烈起来，有人已经公开警告清政府说："浙路股东，劳动食力者占多数，平日信用汤公，铢积寸累以购路股，今汤去路危，血本无着，势必群相纷扰。际此浙省水灾迭见，饥民遍地，万一乘机起事，大局何堪设想。"但是，苏浙争路风潮毕竟被平息下去，没有像川路风潮那样成为辛亥革命的导火线，其所以如此，主要是由于两省铁路公司的领导人政治态度偏于稳健。

江浙资产阶级上层人物和君主立宪派虽然一度领导了收回路权运动，但是他们极力把运动约束在狭隘的极为温和的合法范围以内。直到清政府正式向商办沪杭甬路开刀，他们也只是"筹文明之挽救"，即通过资政院、咨议局根据《大清商律》来婉转劝说清政府收回成命。他们所最害怕的与其说是路权丧失，倒不说是"激起暴动"，因此公然表示："蛰老（指汤寿潜）之应留与否？合同（指借款合同）之得废与否？皆不暇计，所俱人心一失，后患不堪设想。"看到人民保路怒火即将熊熊而起，他们倒反来吓得赶紧退却并泼冷水了。

同时，他们又非常害怕帝国主义的威胁和清政府的镇压。老早就有人间接警告张謇说："浙江铁路，顷已永借英款，有廷寄三百余字，计明后能到江督、苏浙抚，……是公司即已作罢。若一抗辩，恐张四、汤大（指张謇、汤寿潜）有不测之祸。立宪名耳，实行则大不然。恐张四、汤大不愿闻此言，乞公（指'时公'，不知何许人——引者）暗中维持，与竹老（赵凤昌）密密相商。"这样一些警告显然很有成效，张謇看到八月二十三日清廷谕旨后，只能感叹道："蛰仙（指汤寿潜）以劾盛宣怀革职，亦一了局也。"原来好像极为刚强的汤寿潜，也悄然辞职告退，回乡侍奉老亲和游山玩水去了。这些腰缠万贯的上层绅商总是把身家性命看得高于一切，他们既害怕人民的革命，又害怕政府的屠刀，因而不敢轻易冒任何风险。

这些绅商名流的退却，在很大程度上又反映了中国民族资本的软弱。由于资金不足，苏浙两路公司从一开始就没有能够完全摆脱对于外国资本的依赖，因为其资金中"邮传部拨款"一项实质上就是中英公司的借款，而这笔钱竟占沪杭路通车后第一年经费的一半。到宣统三年（1911）初，苏路北线承筑开徐线，又苦于资金短绌和集股困难，仍然不得不幻想求助于外国资本。所以当杨士琦奉命南下询问外债可借与否的时候,郑孝胥讲得最干脆:"必可借,不借不能兴中国。"张謇虽然有所保留,但也不得不表示:"借自可。"盛宣怀正是利用他们这个根本弱点,一方面在表面上承认沪杭甬路"完全商办",而另一方面又把中英公司对沪杭甬路的借款,移作修建苏路北线开徐段之用,实质上仍然是出卖了铁路主权。苏浙争路风潮就是这样中途流产了。

自然也还应该看到,清政府当时借款筑路最主要的目标还是川粤汉两大干路,因此卖路与反卖路斗争的焦点也就很自然地集中于两湖和川、粤一带。相对地说起来,清政府对于川汉、粤仅两路采取更为死硬的政策和高压的手段,而对于并非主要目标的沪杭甬路则作了极为微小的"让步"(名义上承认商办),这对于苏浙保路风潮也起了某些缓解作用。同时,清政府对于影响较大的张謇、汤寿潜等很快又采取了加强拉拢和利用的手法。宣统三年初,北京盛传即将任命张謇、郑孝胥为新内阁秘书长。不久,张謇、郑孝胥、汤寿潜等又相继入京,盛宣怀(时已任邮传部尚书)和端方(时任川粤汉铁路督办大臣)等对他们大肆笼络,一会儿准备为汤寿潜开复革职处分,一会儿打算命郑孝胥为湖南藩司,一会儿又要推荐张謇为农工商部侍郎。这样更加软化了所谓"东南三大名流",他们很快就转而赞成"干路国有"政策,甚至还为清政府筹划如何对付川、粤、汉铁路风潮。

三、劝业会与国民外交

张謇主张的村落主义和收回利权,都不同于植根于自然经济的闭关自守思想。他所经营的地方自治,从一开始便是与争夺国内市场、走向世界市场相联系的。在辛亥革命前夜,他积极参与南洋劝业会及所谓"中美国民外交",就是这种转向开放型的经济思想的表现。

劝业会即博览会，是资本主义国家促进经济发展和国际交流的一种传统手段。张謇于光绪二十九年（1903）参观大阪博览会，已经获得极为深刻的印象。光绪三十二年（1906），意大利在密拉喏举行博览会。清廷应意大利驻华公使之请，谕令各省"备品赴赛"，实际上是空洞号召，并无任何积极措施。由于张謇当时正在经营江浙渔业公司，商部即命他准备渔业展品送往该会，并咨商沿海七省督抚筹集赴赛费用。由于朝廷命公司承办，地方官员态度消极，总共只集资二万五千两。张謇不畏艰难，请人"摹绘吾国渔界为海图，复与公司董事樊太守荣备运赛品以胲之"，并且访求到温州郭凤鸣、宁波陈巨纲等干练人员运送赛品前往陈列。郭、陈两人"皆目能辨鱼类，口能说渔具，而手能记渔事，与之谈渔业，渊然莹然"。这样才算圆满结束赴赛活动。会后，郭凤鸣写成《意大利万国博览会纪略》《调查欧西实业纪要》两书，张謇反复阅读，很受刺激，因为博览会会场面积合计83万平方米，中国商品陈设仅渔业占四百平方米，工艺占120平方米，数量极其有限。而且展品也大多粗劣，只有张謇创办的盐业公司吕四场盐得头等奖，酿造公司的酒、颐生公司的罐头得金牌奖（温州送展的罐头亦得金牌奖）。张謇不胜感慨，为这两本书作序说："夫赛会云者，各竞其长，而短者取人之长而自益。今以我视同列于会场之国，未暇论长短，而当论有无。则是我国实业尚在胚胎，未可遽言幼稚也。"因此，他对于拟议中的我国自己举办的南洋劝业会寄予很高的希望。

南洋劝业会最初的倡议者是端方，光绪三十四年（1908）冬，他在两江总督任内经与一些上层绅商讨论，于十一月十四日奏请举办第一次南洋劝业会。他自称："臣前年奉使欧美，察其农工商业之盛，无不由比赛激动而来。自莅两江任后，时竞竞焉以仿行赛会为急务。"端方的这一姿态颇能赢得江苏上层绅商的好感，他们积极支持劝业会的筹备，张謇、虞洽卿、周金箴、李平书等都是重要的发起人与经办者。

宣统元年（1909）闰二月，在南京设立劝业会事务所，具体负责筹备事宜。同时还设立协赞总会，作为联络各地官、绅、商共"谋南洋第一次劝业之发达"的社会团体。七月十三日，清廷下谕正式同意开办南洋劝业会："两江风气早开，民物繁盛，自应就地设会，树各省之模型，着派南洋大臣、两江总督张人骏为该会正会长，并着各督抚筹办协会出品各事。"此后筹备工作更为加紧进行。劝业会经费预算为70万元，官商各认其半。会前的调查研究工作，也是由"具有识力各绅商"办理。他们"讨论逾月，四出调查。内地各省，足迹几遍，南洋群岛，两次派员前往。因调查以行其劝导，藉演说以广其见闻"。在他们的推动下，各省纷纷成立协赞会、物产会、出品协会，分头举办本地产品展览并选择质量优良者送往江宁赴赛。这对于各省的经济发展，显然增添了一些活力。

宣统二年（1910）四月二十八日，南洋第一次劝业会在江宁正式揭幕。两江展览馆规模最大，设有教育、工艺、农业、机械、通运、美术、卫生、武备、京畿等馆；并设暨南馆，陈列南洋华侨出品；设第一、第二、第三参考馆，展览欧美、日本等外国产品；还附设一个劝工场。外省自建者则有直隶馆、东三省馆、山陕馆、湖北馆、湖南馆、四川馆、河南馆，山东馆、云贵馆、浙江馆、福建馆、安徽馆、江西馆等十余所。此外，还设有三个专门实业馆，即江宁缎业馆、湖南磁业馆、博山玻璃馆；三个特别馆，即江南制造局兰錡馆、广东教育协会教育出品馆、江浙渔业公司水产馆。全部展品号称100万件，共分24部、440类；规模之宏大、内容之丰富和参观人数之众多（20余万人），在中国近代经济史上都是空前的。

张謇对南洋劝业会自始至终都非常关心。他曾发起成立劝业会研究会，由李瑞清为会长，张謇自任总干事。其宗旨是："集合同志，就南洋劝业会出品，研究其工质之优劣与改良之方法，导其进步，冀合劝业会之真旨，收赛会之实效。"该会在五、六两个月内，对农业、卫生、教育、工艺、武备、机械、通运等八个馆的展品分别进行考察研究，并就各项专题提出研究成果汇集出版。这样便更为切实地发挥了劝业会的功效。张謇本人也认真参观了劝业会。五月二十七日，他专门参观了直隶馆，曾在当天日记里写下自己的印象："颇觉袁为直督之能任事，此人毕竟与人不同。工艺殊有擅胜处，江苏不及也。"所谓工艺，主要指机械与新式纺织品，直隶在这两方面都有优势，张謇评价与其他参观者的印象是一致的，而这次参观又增加了袁世凯在他心目中的分量。

在此次劝业会上，各省送展的农产品"殆数十百种"。会后，为谋促进农业的改良和发展，张謇又发起组织全国农务联合会，并出版农务联合会杂志。张謇虽然主要是从事轻工业，但对农业在整个国民经济中的地位与作用则一贯是非常重视的。他把农务分为农政、农学、农业三个方面，并认为"政者国之事，业者民之事，学者士大夫之事也"。他很强调发展农学的重要性，如果缺乏农学则"不能通政与业之变，亦不足尽政与业之能"。他主张书本知识应与实践经验结合，"謇家世务农，尝略涉农书矣。私独以为必经生学士之农与田父野老之农合，而后学可致于业而发于政"。这样的认识，自然也高于当时一些以大言欺世的所谓学者文人。

但是，在南洋劝业会前后，张謇更为重视和努力从事的都是"中美国民外交"。

张謇一向对美国抱有幻想。早在创办纱厂之初，他即曾向美国人福开森寻求过援助。光绪二十九年（1903），美国领事曾劝他到美国参观。由于他对日、俄都有警惕，所以早已就酝酿着联美方案。宣统二年（1910）正月二十八日，赵凤昌也鼓励张謇"注力于社会联美"，并且还向张謇要了一张照片转送大赉（大赉先于美国商团来华）。不过，张謇正忙于苏路北线的筹建并积极参与南洋劝业会的筹办，暂时还无法与美国商团直接联系。

六月二十三日，南洋劝业会工作告一段落，张謇立即到上海与商学公会研究如何接待美国商团。八月十二日，美国商团到达上海，尽管大雨滂沱，却受到当地官、绅、商各界的热烈欢迎。在上海，商团参观了阜丰面粉厂、纶昌纸厂以及纺织、兵工等厂，并与各界著名人物作了广泛的接触。八月二十日，美国商团到达南京，次日不仅团员们受到两江总督张人骏的盛大宴请，而且随行的妻子们还受到总督夫人的茶点款待，尽管这位中国贵妇在外国女人面前显得有些拘谨。

八月二十二日，更为隆重的欢迎宴会在江苏咨议局举行，这是一座尚未完全建成的新式房屋。张謇热情而又认真地主持了这次宴会，到会的还有包括奉天在内的十六省咨议局代表，所以实际上是一次全国性的立宪派与咨议局系统的联合欢迎，当然最大的推动力还是来自江浙、广东、天津、汉口等地的资产阶级。张謇在欢迎词中指出："一、中国事事方在递蝉蜕化之时，贵国耳目之所接触，必皆已见其概；二、名为实业改良，而从旁牵制如财政、法律、官厅制度，无事不与相涉，非在同时改良不能大有功效；三、今日之略可指为功效者，謇能举一例以告贵国，即吾人欢聚所托之咨议局也。"美国商团则由圣地亚哥商会会长朋汉（George Buraham）致答谢词，大意是："中国政治进步日著，必以民选咨议局为代表，江苏咨议局尤属首屈一指。深望咨议局他日与莆兰费亚（即Philadelphia）之自由厅相颉颃。"值得注意的是，美国商团本来强调此次中国之行专在实业调查以"谋求两国通商的扩大"，可是在江苏咨议局的欢宴中宾主双方的发言都带有较浓厚的政治色彩。这也许可以理解为正在从事国会请愿运动的咨议局系统渴望取得美国这样的议会政治国家的理解与同情，而美国资产阶级对于咨议局这样一支新起的政治力量也颇有联络和利用的兴趣。

这次宴会充分体现了主持者的细心与周到。南京是一个比较守旧的城市，为了使宴会更加适合西方客人的习惯，连装饰品、食物、侍者和乐队都是来自相隔二百英里的上海。最令客人瞩目的是张謇居然提议为美利坚合众国总统的健康干杯,这个古老中国的绅士学者在礼仪上也赶上时代潮流了。但更为新派的场面还在一个半月以后。十月六日,张謇再次赶到上海同赵凤昌商议如何与大赉等人谈判中美合作兴办实业问题。十月八日,由赵凤昌出面,约同熊希龄、叶景葵、张謇合宴大赉、华尔特两对夫妇,席间还有赵凤昌、熊希龄、叶景葵、刘垣的妻子作陪,这在当时也是开风气的新鲜事情。

通过频繁商谈,他们终于拟订一个中美合作的初步方案。张謇在当天的日记中曾有简要的记述:"达、华(大赉、华尔特)与我南、北商会协议共营银行、开航业、设商品陈列所、置商品调查员四事。银行资本一千万,各半;太平洋商轮,华资过半云。与之言,则注重奉、吉、黑垦事。主客之意,尚能周浃。"这次宴会实际上是中美双方会谈的一次预备会,而且是一次带决策性的会议。两天以后,便由上海商务总会出面,邀集津、汉、穗等地商会代表,与大赉等正式讨论中美合办实业问题。

双方谈判内容涉及范围相当广泛。美国资本家除希望插手中国金融与海洋航运外,更为注重的是东三省的开发。原来自日俄战争以后,美国一直谋求染指富饶辽阔的东三省,只是由于日、俄(特别是日本)的强烈抵制而未有所获。宣统元年(1909),美国银团代表司戴德几经周折终于与东三省督抚议定承修锦瑷铁路,可是再次由于日本的强硬阻抑而中途作罢。可以想见,在赵凤昌的家宴上之所以出现熊希龄与叶景葵,主要是由于他们均系东三省总督赵尔巽最为亲信的幕僚,而熊希龄还是为修筑锦瑷铁路奔走最力的内线人物之一。不过,铁路问题已经进入死胡同,美国现在是想在垦务方面寻找新的出路,恰好中国东南地区的资产阶级也有意于开发东三省,所以双方很快形成共同的意向。用张謇的话来说,就是"主客之意,尚能周浃"。

这次家宴给大赉留下颇为深刻的印象,所以在他的访华日记中有如下记述：

"在沪期间，每天都有为我们举办的午宴和晚宴。最引人注目的一次是在赵竹君家中，出席的有主妇和其他女士。这是非同寻常的礼遇，因此我们深为喜悦。出席者中有江苏咨议局议长、沈阳道台和其他知名人士。我们与议长曾经在南京会晤，尽管他不会说英语，但我们通过翻译就立宪政府问题作了饶有兴味的讨论。这是他们目前最关紧要的课题，而且他们急于向我们了解有关立法各方面的知识。在某些方面，他们对于最终应采取何种措施尚一无所知。他们为资政院、咨议局制定了规章、程序，但是两者之间的确切关系尚未得到确定。而更为重要的课题是，对于皇帝与资政院、军机大臣之间的关系，他们也是众说纷纭。……商人与官吏之间存在对立情绪，我清楚地察觉他们之间的裂痕业已扩大。"

这些谈话，从大赉方面来说无非是为扩大商务了解中国的社会情况，但却增强了张謇等人争取美国援助的幻想，而首先就是东三省垦务方面寻求合作。不久，熊希龄果然被赵尔巽派充东三省屯垦总局会办，并撰写《东三省移民开垦意见书》一卷。稍后，张謇又率领大批随员前往东三省考察并商谈垦务。这些活动都可以看作是上海中美商团代表会谈的后续工作。因为正是在这年九月二十五日，美国摩根财团已经与清政府订立整顿财政和办理东三省实业业务借款5000万美元草合同。大赉对"奉吉黑垦事"的关注，至少是民间的一种配合行动，目的都在于以迂回的方式打入东三省与日俄竞争。张謇等不了解内幕，单纯从"国民外交"着眼，实际上是同床而异梦。

这里还需要补充一点，就在欢宴大赉的第二天，赵凤昌、张謇等又宴请了伦敦泰晤士报驻东方记者勃兰门。勃兰门认为中国各方面言论不一致，国会召开后可能要发生严重意见冲突。张謇则强调意见之所以不一致，是由于缺少协调和集中各方面意见的政党，明显地流露出正式组织政党的愿望。但是，他的兴趣集注于"中美国民外交"，也很关心东三省的开发，因此没有采取任何比较果决的政治行动。本来，他准备以咨议局名义倡议，在十月十五日"庆祝国会即将召开"，以旁敲侧击的方式敦促清廷尽早履行诺言。然而，就连这样温和的举动，也因为议员意见分歧而未能实现。

不久，江苏咨议局由于预算案与两江总督张人骏发生激烈冲突，张謇与全体议员相继辞职，咨议局暂时停止活动。张謇除继续从事实业、教育方面的经营之外，活动的重心又转移到向清廷进"最后之忠告"方面去了。因为，上述这些庞大的实业计划，如果得不到政府的同意与支持，是很难付诸实现并取得预期效果的。至辛亥革命爆发的前夜，张謇仍然把大规模发展实业的希望寄托于立宪的进展与清廷政策的转变。

第四章

人海战风雷

辛亥前后
农商总长

第一节　辛亥前后

一、"最后之忠告"

张謇是在清廷组成皇族内阁并宣布"铁路国有"政策以后，前往北京向摄政王进言的。

宣统三年（1911）四月十日，清廷迫于形势决定组织所谓责任内阁。可是内阁名单刚刚公布，舆论就立刻为之哗然。原来这是一个不折不扣的满族亲贵内阁，而同时资政院要求开会讨论政府借款问题却又得不到批准。五月十四日，咨议局联合会经由都察院递呈《呈请亲贵不宜充内阁总理折》，清廷根本不予置理。六月十日，咨议局联合会再次上书，请求另行组织内阁。清廷立即予以严厉申斥，说是"用人系君主大权，议员不得干预"云云。同时，对于川、鄂、湘、粤四省保路风潮，也采取强硬镇压的蛮横政策。

时局发展到这种地步，许多立宪派分子都对清廷感到绝望，有些甚至转向革命。但张謇还想对清廷作最后的挽救，于是向内阁提出三点建议：1. 赶快发表正式政见；2. 实行阁部会议；3. 广开幕府，征辟英才。同时，他还向清廷表示："謇十四年来，不履朝籍，于人民之心理、社会之情状，知之较悉，深愿居于政府与人民之间，沟通而融和之。"

看来，立宪运动已经成为一剂缓不济急的药方，张謇决心亲自劝说掌握政府最高权力的载沣，并且还想争取美援来为这个濒于死亡的王朝注射强心剂。

四月二十四日，张謇到上海与赵凤昌商定组织赴美报聘团体以及兴办中美银行、航业公司等有关计划。第二天，经由上海商务总会首先出面，公推张謇北上向清朝政府陈请赴美报聘等事。四月二十六日，更由沪、津、穗、汉四地商会共同发出公函，敦请张謇进京代为请求政府批准赴美报聘及中美合作经营有关实业。

出发以前，张謇也深感形势的严重，认识到由于皇族内阁的成立，"全国为之解体"，"举国骚然，朝野上下，不啻加离心力百倍，可惧也"。因此，他联合汤寿潜、沈曾植、赵凤昌等共同上书醇亲王，劝他"危途知返"。并且建议起用"汉大臣之有学问阅历者"，以共同挽救危局。同时，他们又托醇亲主的宠臣赵庆宽回京，向载沣"痛切密陈，勿以国为私注"。这些活动都是为张謇北上作准备。

四月二十七日，张謇偕同江谦、刘垣、孟森等一大批随员，从上海乘轮船溯江而上。五月二日到达汉口。他们在武汉只停留了半天，可是却通过瑞澄，以最快的速度取得了奄奄一息的湖北纱、布、麻、丝四厂的承租权。五月十日，张謇一行乘专车循京汉路北上。

张謇之所以要取道京汉路北上，除为了承租湖北四厂以外，也是为了到彰德与袁世凯共同分析时局与商讨对策。张謇很明白，袁世凯虽然罢职在野，但他在北洋武装系统中的潜在势力仍然原封未动。任何政治上的筹划，如果没有得到袁世凯的默契与支持，都必然会流于纸上谈兵。

五月十一日下午五点钟，火车到达彰德，袁世凯早已派有仆人和轿子侍候，可见事先已经有过联系。张謇独自前往洹上村，与袁世凯密谈到深夜。袁世凯本来还想挽留张謇过夜，但张因急于赶到北京便谢辞了，回到火车已是深夜 12 点钟。

关于这次密谈内容，文字记载很少。张謇当天的日记只有寥寥数笔："午后五时至彰德，访袁慰廷于洹上村，道故论时，觉其意度视廿八年前大进，远在碌碌诸公之上。其论淮水事，谓不自治，则人（指列强）将以是为问罪之词。又云，此等事，乃国家应做之事，不当论有利无利，人民能安业即国家之利，尤令人心目一开。夜十二时回车宿。"袁世凯最善于揣摩对方心理，他知道张謇一向关心导淮，所以便慷慨激昂地大谈一番人民安业即国家之利之类的道理，使张謇为之"心目一开"。从上述记载中至少可以肯定，此次夜谈产生了两个结果：一是张謇与袁世凯进一步消除了旧日的嫌隙，从此开始在政治上比较密切的合作；一是张、袁对于如何应付政局急剧变化，必然会有某种程度的计议与默契。张謇深知清廷已经越来越难以控制全国局势，他不能不把维系政局稳定的主要希望寄托在实力最强而又比较热心于新政的袁世凯身上。

五月十二日，张謇一行到达北京。尽管他为了避免北京各团体的联合盛大欢迎，有意比原订日程提前一天到达，但北京车站的迎接场面依然是相当热烈。许鼎霖、端方的儿子和弟弟，以及肃亲王善耆的世子，都闻讯赶来恭迓，并且特地把张謇的住处安排在翁同龢故居，即东单牌楼二条胡同蒙古实业公司。第二天阿王即以酒宴为之洗尘。

五月十四日，张謇谒见庆亲王奕劻，端方在座，奕、端交谈中透露出摄政王即将召见的消息。当天，又参加了各省咨议局联合会的欢迎大会。

五月十五日，那桐一清早就来报信，告以内廷已令翰林院通知，摄政王准备在十七日召见。而在此以前，许鼎霖曾告诉张謇，端方已奏请任张謇以"宾师之位"。同时报纸也风传他将进入弼德院或担任内阁秘书长之类职务。张謇不愿"以公推而来，得官而去"，连忙分别谒见载泽、载洵、载涛，希望朝廷能够理解他此次北行的志趣。在这一天，孟森、雷奋还发起公宴，学部尚书唐绍仪又私人宴请。

五月十七日，摄政王召见，张謇当天日记记载甚详："八时一刻召见。先是二时至西苑门外候传，索钱者纷至，其人皆如乞丐相，皆无赖之民也。事虽相沿三五百年，然恶亦甚矣。七时四刻候于朝房，第一起内阁，第二起度支大臣，第三起及余，引见于勤政殿。先至御坐前跪安，起，入西房内。摄政王南面坐，旁设四坐，见则肃立致敬。王命坐，即向：'汝十几年不到京，国事益艰难矣。'敬对：'自戊戌出京，今已十四年。先帝改革政治自戊戌始，中历庚子之变，至于西狩回銮以后，皆先帝艰贞患难之时。今日世界知中国立宪，重视人民，皆先帝之赐也。'言至此，不觉哽咽流涕。王云：'汝在外办事辛苦，名誉甚好，朝廷深为嘉慰。'敬对：'张謇自甲午丁忧出京，乙未马关订约，即注意实业、教育二事。后因国家新政需人奉行，故又办地方自治之事。虽不做官，未尝一日不做事，此盖所以仰报先帝拔擢之知。此次因中国报聘美国事，又有中美银行、航业二事，为上年美商与华商所订合（同），故被沪、粤、津、鄂四商会公推而来。蒙皇上召见，仰见摄政王延纳之宏，耳目之不壅蔽，深为感激。今国势危急，张謇极愿摄政王周咨博访，以求治安之进行。'王云：'汝在外，办事多，阅历亦不少，有话尽可说。'因对张謇所欲陈者。"由于慈禧已死，载沣又是载湉的亲兄弟，所以对话带有浓厚的缅怀"立宪皇帝"（光绪）的情愫。张謇出于传统的名教观念和感激载湉兄弟知遇之恩，忠告的态度自然是真诚的。载沣于矜持与焦急之中则多少有些虚应故事。

其后是连续不断的宴请。

五月廿九日，学部唐尚书请张謇任中央教育会会长，屡辞不获，只得答应作短期担任。

六月四日，张謇前往东北考察。

闰六月九日，张謇在离开北京之前，向载泽、溥伦辞行，载泽宴请送别。

以上这些记载虽然并不完整而又极为简略，但大体可以看出张謇在抵京以后的一段时间里，交际应酬是何等频繁。表面上是为酒食征逐所苦（张謇语），实际上都有具体的洽谈内容，只是未作详细记述而已。值得注意的是，在这些频繁的活动中皇室成员（特别是载沣兄弟）显得异常热情，反映出他们非常期望得到东南上层绅商的支持。人们常说张謇在辛亥革命前夕对清廷存在幻想，却忽略了清廷也对张謇这类通融于"政府与人民之间"的绅商寄予厚望。

其间，张謇曾于六月初前往奉天考察垦务达半月之久。回到北京后又连续活动20多天，主要是忙于中央教育会开会事宜。会议讨论了国库补助各省兴办初等小学、初等师范等事项，张謇还建议在宫内举办保姆训练班，以改良对宣统皇帝的学前教育。一直忙到闰六月十日张謇才离开北京，经由天津乘海船南下。张謇对此行相当重视，曾在日记上特地写下一笔："此次由沪而鄂而京而奉而吉而黑而营而京而津，最多时上下十四人，凡用三千七百余元。"

在京期间，张謇向载沣等皇室显要进陈的"忠告"归纳起来无非是五个要点：1. 注重民生，实行宪政，特别强调救灾、治淮和充分发挥各省咨议局的作用。2. 提倡并保护本国农、工、商各业，通盘筹划，分年实行，极力抵制外货倾销。3. "联合美国为外交最要之策"，但是只能由民间团体出面从事"国民外交"，以免其他列强干涉阻挠。4. 政府承担四川铁路工程的亏空，全部收购商股，借以平息保路风潮。5. 照数拨给东三省总督赵尔巽2000万两经费，以便中美"合作开发"东三省。而其中心思想则是劝说清廷：对内开放部分政权，修正"铁路国有"政策，缓和政府与人民之间的紧张状态；对外也实行有限度的开放，实行"中美合作"，引进外国资金，加紧开发东北等地资源，以解救财政、金融和经济的危急。

这些建议虽然不无可取之处，但在当时境况下确实很难获致任何积极成果。不过，清朝皇室"求贤若渴"的姿态增强了张謇的幻想，摄政王对上述建议的"赞许"，更使他热衷于全力追求中美合营银行、航业及开发东三省等庞大实业计划的实现。

当时，立宪派以各省咨议局联合会（又称国会请愿同志会）为基础，已经于六月六日（即张謇启程前往东北考察的两天之后）在北京正式成立宪友会，并在苏、鄂、川、湘、赣、皖、闽、鲁、晋、奉十省建立支部，俨然有全国性政党意味。宪政会在资政院的党团领袖，正是张謇最得力的亲信人物雷奋，该会江苏支部的负责人也是与他极为亲近的马良、沈恩孚等。张謇对宪政会与整个立宪运动并非漠不关心，但他在这段时间确实是埋头从事实业方面的繁忙筹划。

他于闰六月十八日回到上海，第二天就与孟森等商讨赴美报聘和中美合办银行、航业等办法。二十日，与赵凤昌等商定在上海商务总会设立报聘事务所，作为具体筹办机关。二十二日，又专程前往苏州与江苏巡抚程德全商讨东三省如何利用美资开发问题。这是由于程德全以前在奉天巡抚任内，曾于宣统元年（1909）秋与美国垄断资本代表司戴德订立《锦瑷路敷设条约》，一贯主张联美以抵制日、俄。张謇是个实干家，每办一事总力求其成。所以，尽管当时四川保路风潮已经发展成为武装起义，革命风暴即将席卷全国，他仍然与赵凤昌抓紧起草《报美团人（指东方商团）书》，不愿放弃到美国报聘的计划。

北上途中刚刚建立的大维公司也在湖北抓紧接办纱厂。不顾四川起义烽火正在猛烈蔓延，也不顾湖北当地的革命风潮正在迅速酝酿，张謇为庆祝大维纱厂正式开工，于八月九日偕同刘垣等再次启程赴鄂。

这正是武昌起义前十天，历史似乎是有意安排这位反对暴烈行动的立宪派领袖亲眼观看革命起义的情景。

二、转向共和

张謇一行于八月十三日到达武昌。三天以后，大维纱厂正式开工，紧接着便是频繁的酬应酒宴，以庆祝大生资本集团的经济势力扩展到长江中游的工商业中心——武汉。张謇极力与湖北上层官绅及立宪派头面人物（如瑞澂、柯逢时、汤化龙、胡瑞霖等）周旋，期望此后在湖北进一步扩大自己的经济实力和社会影响。

瑞澂在满人督抚中并非属于庸碌之辈，他甚至可以说得上比较干练和开明，也正是由于如此，张謇才与他合作得比较融洽。但革命的潮流是严酷的，谁如果顽固地站在对立方面，就难免会遭到灭顶之灾。八月十八日，革命党在汉口宝善里的总机关遭到破坏，瑞澂和湖北上层官绅皆大欢喜，仿佛果真已经消弭祸患于未萌。就在这一天，张謇于中午参加咨议局议员们的欢宴，晚上又应瑞澂宴请，直到夜九时才回到寓所。也是在这一天，张謇为了充实南通博物苑的陈列内容，买了一对孔雀，又向柯逢时要了一对锦鸡，并派专人于当天送回通州。八月十九日（阳历 10 月 10 日）清晨，彭楚藩、刘复基、杨洪胜三位烈士慷慨就义于督署辕门之前。武昌全城戒严，并曾一度关闭所有城门。张謇这才感到形势紧张，便于上午 10 时过江到汉口等船。汉口由于有租界存在，表面上仍然繁华平静如故。晚 6 时，宋炜臣等汉口绅商头面人物又在海洞春公宴张謇，直到 8 时才把他送上开往上海的日本商船——襄阳丸。

仲秋之夜，阴雨绵绵。张謇匆匆上船以后，首先映入他眼帘的，就是武昌塘角辎重队起义士兵作为起义信号在江边燃起的熊熊火焰。仿佛革命有意要给张謇多留下一点印象，襄阳丸迟至 10 点钟才缓缓向下游驶去。以至张謇多年以后在自订年谱上还历历如绘地写道："舟行二十余里，犹见火光熊熊烛天也。"他万万没有想到，革命竟这样猝然爆发，并且像幽灵一样紧紧追随着襄阳丸的旅程。

就在这一夜，起义士兵在民众协助下一举攻克武昌，成立了中国第一个革命军政府。瑞澂仓皇穿墙逃走，像被秋风卷起的落叶一样蜷缩在军舰里漂泊在江上。预备立宪公会的支持者、奉旨入川查办保路风潮的岑春煊剪掉胡须悄悄溜走。也就在这一夜,本地立宪派的头号人物、咨议局议长汤化龙终于下了决心,公开支持革命与民主共和,为其他省区立宪派对应各地起义提供了湖北模式。……八月十九日的夜晚,细雨迷蒙,星月无光,火光冲天,炮声隆隆,最后一个封建王朝的崩溃首先在这块土地上开始,新的共和国的诞生也首先在这块土地上发端。

对于张謇来说,这就意味着立宪运动的失败,他不能不为之惋惜。直到晚年,他还不胜感慨系之:"自清光绪之际,革命风炽,而立宪之说以起。立宪所以持私与公之平,纳君与民于轨,而安中国亿兆人民于故有,而不至颠覆眩乱者也。主革命者目为助清,清又上疑而下沮,甲唯而乙否,阳是而阴非,徘徊迁延而濒于渐尽。前此迁延徘徊之故,虽下愚亦能窥其征,虽上圣不能警其瘠。"张謇是一个真诚的人,他尽管在这段时间埋头于筹划中美合营大型企业与赴美报聘事宜,但从思想来说从来没有置身于立宪运动以外。他在晚年回顾自己经历的漫长岁月时说:"一生之忧患、学问、出处,亦尝记其大者,而莫大于立宪之成毁。"(《年谱自序》)

是张謇自己,把他的名字与立宪运动紧密地联接在一起。

对于辛亥革命的狂飙突起,张謇仍然难以理解,而且继续保持着惶惧的心情。他的大生企业系统,庞大的实业计划,赴美报聘的雄图大略,都需要有一个稳定的市场与社会环境。从这个角度来说,他仍想竭尽全力遏止革命的发展。同时,尽管他已经是一个初步具有近代观念的实业家,但封建名教观念仍然像梦魇一样附着在他的身上。他不像汤化龙那样在日本直接受过资产阶级教育的洗礼,而且对立宪皇帝光绪的感念之情又太深,因此不可能在一个早上转变过来,必须经过一番挽救清朝的最后努力,才能在道义上找到转向支持共和的根据。尽管他已经具有若干民权思想,但士人群体的积习是只有作出伦理的解释才能重新恢复心灵的平衡,才能比较心安理得地迈出新的步伐。这种积习,对张謇仍有很大影响。

八月二十日（阳历10月11日），武昌起义的第二天晚上，张謇到达安庆。他本来是应安徽巡抚朱家宝的邀请共商导淮问题，可是革命前进的速度究竟要比襄阳丸快得多。安庆新军起义已是一触即发，还有什么导淮可言？八月二十一日（阳历10月12日），他连夜挤上塞满乘客的江轮，第二天就赶回南京。

　　到南京后的第一件事，就是劝说江宁将军铁良派兵"援鄂"，并且托他代为奏请立即实行立宪。铁良自觉缺乏实力，劝张謇最好先同两江总督张人骏商量一下。张謇捐弃前嫌，对张人骏说："武昌地据上游，若敌顺流而下，安庆又有应之者，江宁危矣！"他满以为可以说服这个老对头，却不料又碰了一次钉子。张人骏不仅不肯派兵"援鄂"，反而大骂瑞澂和立宪派。张謇多年以后还不胜感慨，他在自订年谱上写道："呜呼，大难作矣！人自为之，无与天；然人何以愤愤如此，不得谓非天也。"其实，张人骏倒也并非完全属于"愤愤"者流，因为当时驻防南京的新军第九镇士兵革命倾向也很强烈，如果用以"援鄂"势必等于火上加油。对于这些内情，张人骏和铁良当然比张謇更为了解。

　　出兵"援鄂"既然无法实现，张謇于是转而极力劝说清廷赶紧公布宪法，召开国会，企望以此平息民愤，或许可以使革命得以平息。他于八月二十五日（阳历10月16日）赶往苏州，经与江苏巡抚程德全商议以后，连夜与雷奋、杨廷栋等为程德全起草《奏请改组内阁宣布立宪疏》。这个奏疏后来由程德全与山东巡抚孙宝琦联名发出。

　　疏稿指出，自从四川、湖北相继爆发起义以来，革命潮流已经"止无可止，防无可防"。因此，对革命或剿或抚都不过是"治标之法"，只有实行宪政才是唯一的真正的"治本之法"。他们建议，立即解散已经成为众矢之的的皇族内阁，组织名副其实的责任内阁，严厉处分"酿乱首祸之人"（主要指盛宣怀）以谢天下。"然后定期告庙誓民，提前宣布宪法，与天下更始。"只有这样才能"收回人心","用剿易散,用抚易安",逐步平息各地起义风潮。

张謇为程德全起草疏稿固然是呕心沥血,但是对清廷已经怀有"知其不可为而为之"的绝望心情。几年以后,杨廷栋把原稿裱装成册,张謇在后面题诗四首。其中一首是:"绝弦不能调,死灰不能爇,聋虫不能聪,狂夫不能智。昔在光、宣间,政堕乖所寄,天大军国事,飘瓦供儿戏。酸声仰天叫,天也奈何醉。临危瞑眩药,狼藉与覆地。烬烛累千言,滴滴铜人泪。"

原先曾是帝党骨干的历史背景,封建伦理观念的长期熏陶,使张謇在感情上与清王朝藕断丝连。他们希望有一个新的社会环境,但又对于旧事物的死亡发出喟叹。张謇没有个人的政治野心,只是关切局势的稳定,但他所提出的应变对策却与梁启超等人相通。因为当时梁启超也主张:"用北军(指北洋新军中吴禄贞、张绍曾等部)倒政府(指皇族内阁),立开国会,挟以抚革党,国可救,否则亡。"两相对照,张的建议侧重恳求,梁的主张侧重威逼,这是由于后者在北方与各种势力已有许多权术性的联络,而张謇却只能从道义和利害方面对清廷加以劝说。

八月三十日(阳历 10 月 21 日)晚间,张謇在南京议员公寓与沈恩孚、雷奋、杨廷栋等商议,又用江苏咨议局的名义草拟并发出致内阁电,内容大体上与上述奏稿相仿。直到这时,他还在为清王朝履行自己在道义上的责任。但是,张謇毕竟是一个能够正视现实的人,革命形势的迅猛发展,终于促使张謇不得不最后舍弃这个无可救药的腐朽王朝。

九月九日(阳历 10 月 30 日),他一到上海便听说湖南、陕西、山西相继独立(其实江西、云南亦已独立),北洋第六镇、二十镇、第二混成协等部显然有所异动,海军很快又在九江宣布反正。所以张謇第二天便在日记上写道:"各处兵变之讯日紧,滦州、保定、天津皆有所闻。"

但是，对张謇冲击更为直接也更为有力的却是上海起义。九月十二日（阳历11月2日），他刚回到通州，第二天上海革命党人就在闸北发动了起义。上海立宪派领袖李平书和其他上层绅商沈缦云、叶惠钧的转向革命比张謇迅速得多，他们在这年五月已经发起成立了中国国民总会，并且与中部同盟会陈其美等建立了良好的合作关系。所以，上海起义有他们掌握的商团参加，并且战斗相当勇敢。上海光复以后，陈其美担任都督，主要是主持军务。李平书任民政长，除军事外几乎无事不管。在沪军都督府中，财政部长由沈缦云、朱葆三等先后担任，财力雄厚的大资本家、商会总理周金箴出任顾问；信成银行董事长王一亭先任交通部长，后改任商务部长；原商团司令李显谟任军务部副部长；米业公所董事姚文枬任劝学长；其他如任顾问官的虞洽卿，任参谋的叶惠钧，都是工商界的活跃人物。上海的上层绅商与革命党人建立相当密切的合作关系，加以社会秩序和市面基本上保持稳定，这就必然要对近在通州的张謇产生深刻的影响。

紧接着上海光复，苏州的一部分官绅和立宪派未经武装起义也宣布脱离清政府而独立，并且成立了以原巡抚程德全为都督的江苏军政府。苏州的"和平光复"，基本上保持着原有的统治秩序，不过立宪派在军政府中占有相当重要的地位，其中如沈恩孚、黄炎培等都是张謇非常亲信的人物。而在苏州"和平光复"的前一天，杭州新军起义，可是当选为浙江军政府第一任都督的，却又是张謇最要好的朋友汤寿潜。革命和革命党似乎并不那么可怕，而且在政治上和经济上都有可能给资产阶级提供较多的机会，这又必然要促使张謇作利害方面的权衡。作为前科状元和在籍翰林院修撰，张謇需要为清廷谋求最后的挽救，这是封建士大夫伦理观念的遗痕。然而张謇毕竟是一个已经具有不少近代观念的企业家，他不再可能拘泥于所谓"小忠"，以自己的事业作为一家一姓的殉葬品。

张謇终于下定决心转向民主共和。对于肩负传统重荷的这一代人来说，每跨出一步都是很艰难的。

九月十六日（阳历 11 月 6 日），即上海、杭州、苏州相继光复之后，张謇打电报给已经奉命进攻湖北民军的袁世凯，劝他尊重国内大多数人"趋于共和"的现实，并且赶紧前往北京，不要让清廷逃跑，争取尽快与南方达成协议，确立共和政体。两天以后，他又来到上海，并且分别写信给铁良和张人骏，劝他们断然放弃武装反抗。其致张人骏一函称："风闻江宁旬日以来，新旧军失和，将有溃决之势。又闻新军已开往秣陵关，果尔则城内悉是旧军，当可安靖。而谣言不息，得无以满汉之故乎？各国公论，以汉口官军残杀过当，又荆州、太原亦有相残之事，颇有违言。世界人道主义日益发达，故战时惨杀实违公例。今江浙所不能释人之疑者惟有旗营，不揣冒昧，披肝沥胆，与铁将军（铁良）一书，冀两族相见不以干戈，保全无量之生命。……公为守土之长官，必以民命为至重；伏愿仁人一言，有以启将军之恺恻。謇言或不足为公重，然事关地方大局，当可谅其无他。倘蒙采纳，地方幸甚。"

这时，通州革命党人举义已在积极酝酿之中。张謇眼见形势不稳，立即与上海民军取得联系，决定在当地实行"和平光复"。九月十八日（阳历 11 月 8 日），长江对岸镇江宣告独立。当天晚间，沪军都督府派前狼山镇游击许宏恩带领兵船前往通州。由于张謇已到上海，所以由他的哥哥张詧出面，派人率领绅、学两界代表和学生数百人前往江边欢迎。通州城内家家户户都在门前挂出白旗，遍街张贴"光复大汉""还我河山"等标语，"地方秩序如常"。通州军政分府成立以后，张詧出任总司令。大生企业系统安然无恙，张謇已无后顾之忧，于是便在上海、苏州等地积极活动，谋求全国局势朝着他所企望的方向发展。

九月二十一日（阳历 11 月 11 日），张謇在日记上算了一笔账："计自八月十九日至今三十二日，独立之省已十有四，何其速耶！"他决心加快自己的步伐，以求不要落在形势发展的后面。

九月二十三日（阳历 11 月 13 日），他与汤寿潜、熊希龄、赵凤昌等合电张家口商会，转请内蒙古各界人士赞成共和。电文指出："满清之待蒙人，束缚钳制，视待汉人更酷。推其政策，直欲灭蒙人之种。不乘此时机，相与左提右挈，脱离羁绊，何以彰人道之公？况俄人垂涎蒙古，非止一日。为今之计，惟有蒙汉合力，推诚布公，结合共和政治，以汉之财卫蒙，以蒙之力扞汉。强邻觊觎，可以永绝。南方民军，对于蒙族，视如同胞，绝无丝毫外视之意。满清退位，即在目前。共和政治成立，人人平等。大总统由人民公举，汉蒙满回藏五族，皆有选举大总统之权，皆有被选为大总统之资格，较之坐受满清抑制者，大不相同。请诸公将此意宣告蒙族，并居库满人，务各同心协力，一致进行。蒙汉同胞，并受其福。"这可以看作张謇赞成共和的一次公开亮相。

当时，张謇认为，只有敦促袁世凯转向共和，才能控制全国已经相当混乱的局势。所以他与程德全共同向袁世凯上书，并派杨廷栋前往当面进言，希望袁世凯不要为清朝尽愚忠愚节，应该向美国共和伟人华盛顿学习。九月二十六日（阳历 11 月 16 日），清廷迫于形势交出军政权力，命袁世凯立即组织责任内阁，张謇得讯后感到颇受鼓舞。

袁世凯接任内阁总理大臣以后，为了提高内阁声望和笼络东南人心，先后请张謇出任江苏宣慰使和农工商大臣。张謇既已公开宣布赞成共和，当然不肯再接受清朝任何官职。他发出《辞宣慰使、农工商大臣电》，责备清廷不肯认真实行立宪，以致激起革命风潮，造成"假立宪者真革命"的可悲结局。并且指出，清朝人心已失，大势已去，在这种情况下"尚有何情可慰？尚有何词可宣？"至于发展农工商业，更是无从谈起。不过为了表示不忘过去的君臣大义，他借此"再进最终之忠告：与其殄生灵以锋镝交争之惨，毋宁纳民族于共和主义之中；必如是乃稍为皇室留百世湮祀之爱根，乃不为人民留二次革命之种子"。只要把这个"最终之忠告"与四个多月以前的"最后之忠告"稍加对照，便可看出整个形势和人们思想的变化是何等迅速，前者还在为清朝的延续想方设法，后者则是明确建议清朝赶紧退出历史舞台了。

应该承认，张謇的政治态度转变是比较切实的，他绝不是那种见风使舵的政客，而是有比较深刻的对现实的认识作为基础的。十月七日（阳历11月27日），他给滞留北京的许鼎霖的一封复信，颇为恳切地指出非共和无以实现和平："所称南北眼光心理迥不相同，良非虚语。但谓就此罢手，即可维持秩序，则实与南中情势相反。果如公言，是惟恐焰之不烈，而益之以膏，恐东南无一片干净土矣。南中大多之论曰：'吾侪涂肝脑，迸血肉，乃为爱新觉罗氏争万世一系之皇统乎？上海本商贾荟萃之区，凡商人皆具身家，无不爱和平者。自闻汉口焚杀之惨（指北洋军队在汉口纵火抢劫），自士大夫以至苦力妇孺，莫不切齿思奋。时吾苏若再迟疑，势将酿极烈之暴动，与绝大之恐慌。此在南北各省皆然，所谓南北眼光迥不相同者，此其要点也。来教又谓各省独立，恐赔款无着。夫独立云者，离北京政府而独立，非各自独立之谓。颇闻各省现方谋联合统一方法，议设临时政府。东南各省，皆财赋所出。以海关税项言之，十之八九，已归民军。以盐斤税厘言之，亦得十之七八。其他丁漕各款，又独重于东南。万一临时政府成立，直接与外人交涉，担任一切外债，彼各国安得不认，此岂空言所能争耶？……总之，现在时机紧迫，生灵涂炭，非速筹和平解决之计，必至于俱伤。欲和平解决，非共和无善策，此南中万派一致之公论，非下走一人之私言。下走何力，岂能扼扬子之水，使之逆流。公如不信，试回南一观，当可得之矣。苏省咨议局取消，改为省议会，公在京无名，盍归乎来。"

张謇对形势的判断是明智的。他顺应历史潮流，实现了一生中最大的转变，有很大的社会影响，同时也明显地提高了他的声望，使他能够在这个大的社会动荡之中发挥相当重要的作用。如果说，过去他曾长期充当"通官商之邮"的中介人，那么现在他又成为可以"通南北之邮"的中介人。清廷愿意继续倾听他的进言，因为他还没有完全忘记君臣之义；革命党人欢迎他的转变，并且对他极为尊重，这不仅因为他已明确表示赞成共和，而且因为他不同于康、梁，从来未与革命党人有过直接的冲突。袁世凯也极为重视张謇的作用，因为他明白，笼络了张謇不仅可以取得东南上层绅商的支持，而且可以通过他们对南方的革命党人施加温和的影响。

然而张謇暂时还顾不上考虑更多的问题，当前他最关心的是把"和平光复"的模式推广到尽可能广大的地区，而首先就是争取江苏全省的"和平光复"。不过客观形势正好与他的愿望相违，驻守南京的江南提督张勋决心顽抗到底，革命方面的江浙联军只得立即发动会攻南京的大战役。江苏军政府都督程德全亲临前线督师，张謇留下来坐镇苏州。当时，无论是江苏军政府还是江苏省临时议会，都无法在江苏全省履行自己的职责。因为上海有陈其美都督，吴淞有李燮和都督，镇江有林述庆都督，无锡有秦毓鎏总司令，还有在清江浦独树一帜的蒋雁行都督，都是各行其是，不相统率。第九镇统领徐绍祯虽然已经率军反正，并充当江浙联军总司令，但也是一个不甘居他人之下的傲慢人物。针对这种涣散的情况，张謇极力主张让程德全抢先进入南京，利用林述庆、徐绍祯等人之间的矛盾，取得江苏全省最高军政领导地位，然后再谋求他们所需要的统一与秩序。

早在九月二十七日（阳历 11 月 17 日），他就告诉赵凤昌："南京之下不远矣，宜预备公推程都督驻南京，趁此并宁、苏为一。所有现在苏垣办事人一同前去，选添宁属人协同办事，下走亦必前往，以议会襄助。此意顷已再三与沈、杨、雷、黄、史诸君言之，仍祈公为力言，赞成鄙意。千叩万叩！"所谓"沈、杨、雷、黄、史"，即沈恩孚、杨廷栋、雷奋、黄炎培、史量才，也就是上面所说的"苏垣办事人"，张謇决心带领这班人马尽快赶到南京，协助程德全统一江苏全省。统一江苏自然是统一全国的第一步，所以他又向赵凤昌解释，其所以谢辞袁内阁江苏宣慰使的任命，主要是为了便于在南北之间以私人身份"代表议和"。

南京战争十分激烈，张勋的部队抵抗得相当顽强。不过到了十月上旬，攻克南京的局势总算确定下来了。十月七日（阳历 11 月 27 日），张謇赶紧打电报给程德全："闻前锋已壁孝陵，日内当可即下。不即请大旆旋苏者，冀旦晚听相公之破蔡州也。"再次劝说程德全不要急于返回苏州，应该率先进驻南京。同时，他还向程透露：袁世凯已有复电，丝毫没有表示"绝对反对"共和的意思。这自然也是为了坚定程德全统一江苏的决心，暗示程完全可以得到袁世凯的谅解，不必有什么顾虑。

在十月七日这一天，张謇也给袁世凯复了一封信，同时还拍了一个电报，大意都是再次谢绝北上，并且建议"全国军民公举代表，于适宜之地开会集议，确定政体及联合统一之法"。张謇唯恐袁世凯看不清全国形势，所以强调指出："事机危迫，舍此无可解决。"张謇深知江苏的局势与全国的局势是联系在一起的，没有全国的统一和恢复秩序，江苏是不可能偏安于一隅的。

江浙资产阶级对于江浙联军攻克南京之役确实尽了很大的努力。上海商团不仅负责筹集运送军械粮饷，而且还派出义勇队直接到前线参战。上海商界头面人物虞洽卿主动劝说沪宁路当局通车，并且亲自运送弹药到南京天堡城下。张謇的态度也很积极，他不仅以江苏省议会名义送牛五十头、酒千瓶，还以通海实业公司名义送六千元、面千袋、布千匹，犒赏攻克南京的江浙联军

十月十一日（阳历 12 月 1 日），民军经过血战光复南京。张謇等利用徐绍桢与林述庆之间的各不相让，同时也取得同盟会方面宋教仁等领导

人的理解与支持，协助程德全以江苏都督身份移驻南京，终于取得了江苏全省最高统治权。

三、沪鄂之争

革命还远远没有成功，可是内部的权利争夺方兴未艾，而首先就表现为上海集团与武昌集团争夺政治中心的地位。在这场以函电为主要武器的"战争"中，革命、立宪、守旧等原来的政治分歧逐渐消泯了，革命党人、立宪派成员和一部分旧官僚以地域为纽带形成奇妙的重新组合。张謇与其他江浙上层绅商积极投入这场并非不算激烈的战斗，他们现在已不满足于仅仅在江浙地区革命风浪中初步站稳脚跟，非常希望能够左右全国局势的发展，而首先就是力争求得对于南方独立各省的统驭地位。

九月十九日（11月9日），黎元洪抢先电邀各省代表到武昌开会讨论组织临时中央政府问题，这可以说是争夺政治中心地位的开始。当时，黎元洪在湖北军政府中已经初步巩固了自己的地位，并且联络旧官僚、立宪派并拉拢一部分权势欲较强的革命党人，逐渐形成一个以黎为中心而且地方色彩极为浓厚的政治集团（民社）。这个集团除了以黎的亲信饶汉祥等为骨干外，还有湖南立宪派谭延闿，以及湖北籍革命党人孙武、王正廷等参加。武汉的大资本家蔡辅卿、宋炜臣等也是这个集团的积极支持者。他们的最终目标是力争定都武昌，并且使武昌"首义集团"能够在未来的中央政府中长期保持优势地位。

江浙各种政治势力自然不甘落后，他们早就在酝酿建立临时中央政府，并打算首先在上海建立一个各省联合机构，张謇、赵凤昌等就是这个计划的幕后策动者。在赵凤昌保存的信札中，至今还可看到一件《组织全国会议团通告书》的原稿，以及准备提交会议讨论的有关国体、政体问题的纲要草稿。他们从一开始就强调上海的种种优越性："吾国上海一埠，为中外耳目所寄，又为交通便利、不受兵祸之地"，因此最适宜作为政治中心。他们主张模仿美国独立战争时的"十三州会议总机关"，尽快在上海设立各省代表临时会议机关，以便筹备南北议和并建立临时中央政府。

正是在江浙上层绅商的推动下，江、浙、沪三位都督程德全、汤寿潜、陈其美于九月二十一日（阳历 11 月 11 日）联名发出通电，邀请各省各派代表两名来上海参加临时会议，共商组织临时中央政府问题。这个通电显然与黎元洪两天以前刚刚发出的通电针锋相对。九月二十二日（阳历 11 月 12 日），雷奋、沈恩孚等又以江、浙都督府代表名义，电请各省公认上海方面推定的伍廷芳、温宗尧为临时外交代表，统一负责对外交涉；并且请各省立即派自己的代表到上海来会商组织临时中央政府问题。可以看得出来，上海集团也包括旧官僚、立宪派和革命党三种政治力量，只不过资产阶级上层人物在其中显得特别活跃而已。

在这场政治中心地位争夺的背后，隐藏着江浙与湖北两个地区资产阶级经济利益的冲突。从这个意义上来说，政治中心的争夺实际上就是对于市场、利润的争夺。江、浙独立以后，张謇集团不仅控制了向往已久的两淮盐政，而且还想插足汉冶萍公司以及张之洞兴办的其他企业，其雄心勃勃，简直想囊括整个长江流域中下游。以蔡辅卿等为代表的湖北资产阶级自然不甘退让，他们以"首义之区"为资本，以"鄂省命脉"为借口，不仅起而争夺已被张謇集团承租的湖北纺织四局，以及兴国、马鞍山等矿产，而且还经由省议会作出没收汉冶萍公司财产的决议，并且千方百计打破淮盐垄断局面。此外，他们不惜以地方税作为抵押，亟谋向美国大赉公司借款 350 万镑，作为"建设新都"武昌的经费，渴望把武汉发展成为全国政治、经济中心。这实际上是对江浙资产阶级的一种挑战。

上海集团的政治、经济实力都大于武昌集团，所以他们发言的分量也重于武昌集团。好几个省的代表果然应邀来到上海，并且抢先在九月二十五日（阳历11月15日）成立了各省都督府代表联合会。由于事先确定的邀请原则是"已革命之省电致都督，未革命者电咨议局"，所以这个代表联合会主要为原来咨议局系统的江浙立宪派所操纵，而张謇的助手雷奋、沈恩孚则是其中极为活跃的人物。

在这场双包案中，武昌集团眼看就有被撇在一边的危险。黎元洪赶紧于九月三十日（阳历11月20日）电告各省都督："惟各省各权委员一时未能全到，拟变通办法，先由各省电举各部政务长，择其得多数票者来鄂，以政府成立照会各国领事，转各公使请各国承认，庶国基可以粗定。"由政务长得票多者（即政府代表）代表各省到武昌开会，显然是与上海以咨议局系统为主导的各省都督府代表联合会相抗衡。同时，他们还拟订了临时政府暂分七部的组织机构方案，除外交、财政不得不推荐上海方面的伍廷芳、张謇以外，对临时政府首脑及军政、内务等重要部门的人选都持保留态度，用意自然是想把这些职务尽量控制在本集团手中。

武昌集团急欲越过上海的各省联合代表会议，直接在武昌组成将为他们所控制的临时中央政府，这就使政治中心争夺的意图更为明朗化。针对这种情况，上海集团也作了各种对策的酝酿。先是在九月二十四日（阳历11月14日），张謇等即已电告正在汉口的江苏籍旧官僚庄蕴宽，提出"政府设鄂，议会设沪"的折中方案，并请庄立即电告湖北军政府。这个建议貌似持平，但实际上还是代表上海集团的意愿。所谓"政府设鄂"，无非是敷衍一下首义地区的面子，因为在他们看来，中央政权迟早都要过渡到袁世凯手中；即令暂时摆在武昌，也无非是点缀若干革命色彩而已。至于"议会设沪"，则是这个建议的要害所在。因为当时独立各省各自为政，绝非武昌集团所能单独号令控制；虚有其表的临时中央军政府，反而不如代表各省都督和议会的代表联合会，倒是后者更有可能商定全盘军政方略。

张謇给庄蕴宽的信，事先一定经过与有关人士协商而后发出；因为各省代表会果然于九月三十日（11月20日）承认湖北军政府具有临时中央军政府地位，但同时又坚持要求委任伍廷芳、温廷尧为外交代表，并把各省代表会议继续留在上海。

武昌集团以首义之功自恃，所以态度相当倨傲。黎元洪等仍然咬定："武昌既为中央大都督（指临时中央政府首脑——引者）所在地，各省代表宜莅武汉开会"，并派居正、陶凤集为代表赴沪商洽。他们还强调说："现各国代表拟请军政府担负汉口交涉全权。"这显然是假借列强名义以抬高自己的身价，并想撇开伍廷芳、温宗尧，把对外交涉全权抓在自己手里。

由于当时南方局势相当混乱而又不稳定，上海方面不愿过于刺激武昌集团，再则由于各省代表对于首义地区也还存在一定程度的尊重，因此代表联合会于十月四日（阳历11月24日）议决迁至武昌开会。不过他们又相互约定，各省仍各留一人在上海共同组成"通讯机关"，作为武昌代表会议的"后援"。以后事态的发展将会表明，他们对武昌集团的让步毕竟是很有限度的。

十月十日（阳历11月30日），各省代表在汉口英租界顺昌洋行开会，随即正式议决承认以湖北军政府为临时中央政府，请黎元洪以大都督名义执行中央政务。同时委托雷奋、马君武、王正廷等草拟中华民国临时政府组织大纲，而且很快就开会予以通过。武昌集团仿佛已占上风，但形势却发生急转直下的变化。先是十月七日（阳历11月27日）袁世凯的北洋军队已经攻陷汉阳，设在武昌的军政府处于北军大炮射程之内；而江浙联军又于十月十一日（阳历12月1日）攻克南京，战局的异动很自然地加强了上海方面的政治比重。不久，北洋军队从汉阳龟山头上隔江发射的猛烈炮火，把黎元洪吓得匆忙退往葛店。至此，各省代表会议便一反前说，议决虚总统之位以待袁世凯反正，并改以南京为临时中央政府所在地，同时约定一星期内在南京集齐继续开会。政治中心的争夺于是告一段落，江浙资产阶级达到自己的目的。

临时中央政府设立地点的争执虽然暂停，可在临时政府首脑人选问题上又展开了激烈的争夺。

原来，在汉阳失陷以后，黄兴颇受武昌集团的攻击与排挤，于是负气回到上海。江浙立宪派和上层绅商对黄兴非常重视，希望借助这位革命元勋的声望，来压倒武昌集团以首义自恃的气焰，因此便不断加强对他的联络与影响。张謇于十月十二日（阳历12月2日）来到上海，当天就与章太炎、宋教仁、黄兴、于右任等晤谈，这是他与革命党高层领导人的首次接触。会谈内容已无文献记载可资查考，但当天的日记特别提到"知江宁以昨夜三时攻下"，则有可能谈到临时中央政府的筹建问题。因为两天以后（阳历12月4日），留在上海的各省代表就越过"通讯机关"职权范围，郑重其事地选举作为临时政府首脑的大元帅了。参加这次选举会的，除马良、沈恩孚等13位各省代表以外，还有程德全、汤寿潜、陈其美三位都督，以及赵凤昌、章驾时、章太炎、王一亭等有影响的人士。就在这次会上，选出黄兴为大元帅，黎元洪为副元帅。

这次选举显然经过事先的一番布置。无怪乎多年以后还有人责怪说："此次选举，完全是宋教仁、陈其美二人恐怕武昌真成了中央政府，于同盟会不利，所以鼓煽留沪的一部分代表，扮演了这一幕滑稽戏。……各省代表赴鄂者与留沪者，原是一体，他们二人只利用留沪一部分，而瞒着赴鄂代表，瞒着鄂军政府，皆不令闻知，其谬一也。江苏都督、浙江都督、护军都督，皆令其到场投票，淆乱职权，蔑视其他各省都督，其谬二也。开会时，加入不伦不类、毫无根据之章炳麟、章驾时、蔡元培、王一亭、黄中央（即乌目山僧）、赵竹君（凤昌）、顾忠琛、彭锡范诸人，令其列席，令人怀疑这一伙人到底是干什么的，其谬三也。"（刘星楠：《辛亥

144

各省会议日志》）评论者立场显然偏向武昌集团，但他所陈述的意见并非全无所据。宋教仁、陈其美主张选举黄兴出任大元帅，这是很容易理解的，但在幕后布置此次选举的，绝不仅限于少数几个同盟会员。如果这次选举只符合同盟会一方面的要求，那就很难说明程德全、汤寿潜等人何以也这样积极活动？为什么长年病弱不能下楼的幕后人物赵凤昌也走到前台来呐喊助威？

事实上，聚集在上海的江浙地区的立宪派、上层绅商和一部分旧官僚都参加了此次选举的幕后策动。不久就在上海成立的中华民国联合会，可以从侧面为这次选举的背景作某些必要的说明。过去，一般人都以为这个团体是章太炎发起的，可是根据近年来发现的材料，却说明更为重要的推动力量来自张謇和赵凤昌等。其所以取名为"中华民国联合会"，不仅体现了他们要求"革命党"泯除党见分歧的主观意愿，更为明显的动机则是争夺筹建民国的优先地位。在赵凤昌遗留下来的信札中，保存着一张最初起草的"联合会成员"名单，预定总发起人是程德全和章炳麟，江苏为赵凤昌、张謇、唐文治，浙江为应德闳、杜士珍，湖南为章驾时、张通典（本想定为宋教仁，因宋临时不在，故以他人代之），另外还列有广西、江西、广东等省代表人物，但却偏偏撇开首义地区——湖北。这绝不是偶然的疏忽或遗漏，其针对性是很明显的。

武昌集团对此次大元帅选举结果反应非常强烈，表示坚决反对上海代表会议的决定。以后经过雷奋的奔走疏通，双方总算勉强达成协议：改以黎元洪为大元帅，黄兴为副元帅；但临时政府仍设南京，并且敦促黄兴赶紧到南京代行大元帅职权与组织临时中央政府。这个协议既维护了武昌集团的体面，又无损于上海方面的实际利益，后者自然乐于接受。在江浙上层绅商的支持和敦促下，黄兴原本打算尽快到南京组织临时政府，并已商请张謇向日商三井洋行借款 30 万元作为到南京后军政费的开支。只是出于孙中山的迅速回国，才使这个方案被搁置在一边。

在孙中山与黄兴之间，张謇等宁可选择黄兴。因为黄兴出身于书香门第，曾考中秀才，在两湖书院受过张之洞"中学为体、西学为用"的影响，也是从旧的士人群体分化出来的个体。尽管黄兴已经完成向资产阶级知识分子的转化，并且具有激进的革命思想，但与主要受西方教育的农家子弟孙中山相比较，更易于唤起张謇等人某种程度微妙的亲和感。黄兴到上海后，即已被汤化龙、林长民、胡瑞霖等包围。但是黄兴颇为识大体，顾大局，不争个人地位。他认识到孙中山是当时威望最高的革命领袖，故而竭诚拥戴孙出任临时大总统。只有张謇等人对原定方案的落空总不免感到惋惜。第二年春天，赵凤昌在给黄兴的信中追述："惟是时世，风云变幻莫测，一发千钧，稍纵即逝。去年之元帅就职，因迟疑而致误。"已经颇为坦率地表露了他们的心理状态。

四、调和南北

不过，人们当时的注意力又逐渐集中于南北议和问题上去了。早在十月十六日（阳历 12 月 6 日），醇亲王载沣引咎辞职归藩，名义上由隆裕太后垂帘听政，实际上却是让袁世凯大权独揽。形势的发展已经初步呈现出新的政治格局，清廷终于丧失了全国统一政治中心的地位，代之而起的是以孙中山和袁世凯分别代表的南北两个中心，尽管前者并不能统率整个南方地区。张謇是南方人，他当然关心南方的地区利益，但是他更关心未来中央政府首脑的人选。他有自己利害得失的判断，也有自己品评人物的标准。如果说，在南方领袖中，他宁可选择黄兴而对孙中山持某种程度的保留态度；那么，在孙中山与袁世凯之间，他更是宁可选择袁世凯而离开孙中山。因为袁世凯与他本属同一营垒，尽管袁有许多缺点，但这些都是他早已熟悉并且可以谅解的东西。也许这个西装革履的孙中山有很多过人之处，然而对于张謇来说却是难以理解的未知数。何况袁世凯手头既有强大的兵力，又有丰富的政治经验，主持过省一级和中央一级的政府事务。早在这年闰六月中旬，张謇曾在旅途中参观过天津、塘沽、军粮城一带的市政建设，并在日记上写道："慰廷要是不凡，但气稍粗犷耳，举世督抚谁能及之？"张謇在清廷以后的选择只能限于各省督抚的范围以内，而在督抚之中袁世凯就是最强者，因此他便把恢复统一和秩序的希望寄托于袁世凯的转向共和。

张謇虽然身在南方，但对北方的军事、政治动向非常关心。例如，北洋军队攻陷汉阳之后，上海忽然风传"武昌亦失"之类流言。张謇便很担心袁世凯操之过激，以致妨碍南北之间达成妥协。他曾向别人发表评论说："项城不克汉阳，不足以自立；并克武昌，实在可恶。"所谓"自立"，就是向全国显示强者的姿态；而所谓"可恶"则指对革命派的刺激太深，可能迫使后者铤而走险，并全力与袁决一死战，使全国局势更加动荡。

但袁世凯并不像张謇所估计的那样粗犷与鲁莽，他已经很善于玩弄政治权术。他在攻克汉阳以后，一方面以猛烈炮火轰击武昌都督府，一方面通过英国领事向黎元洪等交涉停战，企图利用又打又拉的手法迫使南方屈服。十月十七日（阳历 12 月 7 日），袁世凯正式奉命为全权大臣，并且派代表到南方"讨论大局"。在代表人选问题上，他不能不考虑南方的接受程度，因此曾通过亲信洪述祖向赵凤昌打听："以少川（唐绍仪）来，南中人愿否？"所谓"南中人"，首先是指革命党人，但同时也包括张謇等东南名流。因为袁世凯是很重视张謇在南北调和中的作用的，他曾秘密嘱咐唐绍仪，要他到上海"先晤张謇探其意旨"。

唐绍仪一行于十月十九日（阳历 12 月 9 日）到达汉口。黎元洪以南方临时政府首脑自居，马上派专人到汉口迎接，并且立即电请上海民军总代表伍廷芳前来议和，显然是想把南北和谈的主动权直接控制在自己手中。黎元洪虽然在革命阵营中开始受到一定尊重，但并非袁世凯预期的主要和谈对手。唐绍仪的态度相当持重，早在动身前一天已经电询赵凤昌：是否可以"约同东南人物如张季老（张謇）、汤蛰老（汤寿潜）赴汉会议"？赵于十月二十日（阳历12月10日）复电，介绍南方情势，强调各省代表均已离鄂，而"伍秩老（伍廷芳）与张、汤二公均不能远行。公到汉，无可与议。已由秩公电黎都督，请公来沪上开议，甚为便利，必能招呼妥慎"。果然，就在同一天，伍廷芳以明确的态度拒绝前往汉口，他电告黎元洪："各省留沪代表未许廷芳一日远离。……恳即转致唐公，速来沪上共同谈判。"十月二十一日（阳历12月11日），张謇也赶忙拍电报给唐绍仪，重申："伍不能赴鄂，讨论大局，亦以公来沪为宜。"这些电文说明张、赵、伍之间必有紧急磋商，同时也必然与黄兴、陈其美、宋教仁等有所筹议。此外，他们还通过英国公使转请袁世凯命令唐绍仪到上海开议。

在南北和谈地点问题上，上海方面与武昌方面又一次发生分歧，不过这次争夺却是一面倒，因为黎元洪已处于无法讨价还价的困窘境地。于是，唐绍仪很快就答应到上海议和。张謇以审慎的眼光观察形势，他看到共和的潮流继续发展，袁世凯并非鲁莽灭裂者流，而南方的局势也并非无法控制，因此内心感到稍为踏实。十月二十四日（阳历12月14日），他终于郑重其事地剪掉了作为清朝臣民标志的辫子，并且妥善包好寄回家中，还在日记上特别书明："此亦一生纪念日也。"是的，对于张謇来说，剪辫子绝不是虚伪的表态，因为他很不愿做违心的事情。这一剪刀彻底断绝了他对清朝的臣属关系，而在59岁之后走上新的人生旅程。

唐绍仪于十月二十七日（阳历12月17日）到达上海，第二天南北和议即正式开始。

表面上，唐绍仪与伍廷芳在英租界议事厅谈判，但唐在会后却又常到赵凤昌的私宅惜阴堂，与张謇、黄兴、汪精卫等密商（当时汪精卫已被释放，随唐绍仪南下，并被任命为伍廷芳的参赞）。惜阴堂在南北议和中起了相当重要的作用，甚至在谈判前夕，伍廷芳连"全权文凭"都要请赵凤昌代办，并且建议"黄公衔（指黄兴以何种名义出现——引者）似可添代办大总统字样"。可见当时赵凤昌、张謇已经颇受革命党领袖的重视与信任。

据当年参加过此次议和的一位北方代表回忆，唐绍仪曾对他说："民党中人对国内情形并不怎样熟悉，张（謇）是提倡实业救国的新人物，孙（应为黄——引者）、胡、汪等民党领袖，对张不仅慕名，而且很佩服很重视。他们为了熟悉情形，有不少事要请教张，而张往往趋而谋之赵（凤昌），张每自南通来沪，必住赵家，这样民党中人自然敬重赵了。……在和议过程中，每星期总有一天或两天，程德全、汤寿潜、张謇、汪兆铭、陈其美等曾在赵家聚会。"这个分析大体上符合实际情况。

为了进一步参与临时政府的建立，张謇在此期间还曾"与程德全、章炳麟、赵凤昌议创统一党"。统一党是在中华民国联合会的基础上建立的。如果说，中华民国联合会的建立，还只是为了争取建立临时政府的优先地位，那么统一党的成立则是谋求把南北军政大权统一到袁世凯手中，旨在恢复他们所需要的统一与秩序。他们提出的政纲包括："团结全国领土，厘正行政区域"；"完成责任内阁"；"注重民生，采用社会政策"；"维持国际和平，保全国家权利"等等，都是一些比较温和而又笼统的条文，所以为各方面人士所易于接受。

统一党于民国元年（1912）三月正式成立，这是民国建立以后第一个采用党的名称的政治团体。它主要是由东南一带的立宪派、革命党人、上层绅商和一部分旧官僚组成，其中又以江浙人士居多数。理事有章太炎、程德全、张謇、熊希龄等，参事有汤寿潜、唐文治、唐绍仪、赵凤昌、庄蕴宽、应德闳、叶景葵、王清穆等，干事有孟森、林长民、章驾时，多数都是张謇的友好与亲信。章太炎不过徒具虚名而已。

张謇与章太炎等还曾分别劝说宋教仁与黄兴，劝他们重新改组同盟会。据说宋教仁已经答应："选择同盟会中稳健分子，集为政党，变名更署，与同盟会分离。"只是由于孙中山的回国，才使这一计划暂时搁置起来。

孙中山是在宣统三年（1911）阴历十一月六日（阳历12月25日）回到上海的。这时革命势力表面上虽然已是"三分天下有其二"，但内部妥协、分化等消极现象已经日趋明朗化。孙中山的突然回国，虽然使张謇、赵凤昌等稍微感到一些意外，但他们对这个革命领袖还是尊敬的，因为民国的建立毕竟是出于孙中山的创导和革命党人的努力。同时，南方的革命声势暂时还比较高涨，而孙中山在人民中间又享有很高的声望，所以聚集在上海的绅商人物也未尝不想利用他的名字来号令南方各省。孙中山在上海一登岸就受到各界热烈欢迎，张謇曾特地与他会见商谈。李平书等更是隆重接待，并且专门派来商团护卫，一直把孙中山恭送到南京。

宣统三年十一月十日（阳历12月29日），各省代表在南京公举孙中山为临时大总统。这次选举，上海方面与武昌方面倒没有任何争议，因为早在几天以前南京代表会议即已电告黎元洪："决议于十日上午开选举临时大总统会，再由被选举者电告袁内阁：'如和议成立，即当避席。'"上海方面和武昌方面的立宪派、旧官僚和一部分趋于妥协的革命党人，在选举以前即已把孙中山看作暂时过渡的总统，而且感到也只有孙中山才有资格承担这样的尊荣名义，因此都没有提出任何异议。南京临时政府的成立，是以它承诺自己即将消亡为前提的，再一次暴露辛亥革命内在严重弱点。

1912年1月1日，孙中山从上海到南京就任临时大总统，临时政府正式成立。张謇也应黄兴之约，在这一天到达南京。1月2日，孙中山通电各省改用阳历，并以临时大总统就职之日作为中华民国建元的开始。张謇在这一点上也表现出诚朴的特点，此后的日记即改用民国纪元，尽管他仍然习惯于用阴历。他还在自己住宅的大门上，亲笔书写"民时夏正月，国运汉元年"的对联，以纪念这一旷古未有的变局。

南京临时政府设于原两江总督衙门，而临时大总统宣誓就职的地点则是张謇一手规划建筑的咨议局新房，这些当然都会引起张謇的无限感慨。但当时最为紧迫的还是如何安排临时政府各部人事，以及如何统率协调南方各省起义势力等重大问题。临时政府本来希望张謇出任财政总长，但未得到他本人的同意。因为张謇深知南京临时政府的最大困难在于财政，而自己确实无法解救即将面临的财政危机。他坦率而又切实地陈述了自己对于新政府财政问题的意见："今欲设临时政府之目的，在能使各国承认共和，各国之能否承认，先视吾政府权力之巩固与否。政府权力，首在统一军队，次在支配财政；而军队之能否统一，尤视财力为断。"他逐项权衡收支，估计每年财政将短缺八千万两之款。责之财政总长，则无术可以应付；大量息借外债，又缺乏必要的信用。张謇认为一身名誉不足惜，但不能因此而延误全局，所以坚辞不就财长之职。

刚刚成立的临时政府需要各方面的支持，而在财政经济方面尤其需要得到东南地区上层绅商的支持，所以孙中山等转而敦请张謇出任实业总长。张謇虽然感到"时局未定，秩序未复，无从言实业也"，但也再无理由可以坚持不就，因为他也希望临时政府早日成立，尽快统一南方各省步调以求与北方的袁世凯达成统一协议。

1月3日，各省代表会议举行副总统选举会，黎元洪以全票当选。孙中山在会上提出各部人选，经过讨论最后确定名单如下：

陆军总长　黄　兴　次长　蒋作宾
海军总长　黄钟瑛　次长　汤芗铭
外交总长　王宠惠　次长　魏宸组

内务总长　程德全　次长　居　正

财政总长　陈锦涛　次长　王鸿猷

司法总长　伍廷芳（兼议和全权大使）　次长　吕志伊

教育总长　蔡元培　次长　景耀月

实业总长　张　謇　次长　马君武

交通总长　汤寿潜　次长　于右任

　　从当时的具体情况来考察，这个名单可以说是南京临时政府所能提出的各部人选的最佳方案，它体现了孙中山的"惟才能是称"和在支持民国的前提下"收罗海内名宿"的正确方针。从表面上来看，它仿佛是一个革命派、立宪派和一部分归附共和的旧官僚的混合体，但由于各部总长中立宪派、旧官僚大多持消极态度，所以实权掌握在革命派的有关各部次长手中，起主导作用的仍然是以孙中山为首的革命派。

　　也是在 1 月 3 日这一天，孙中山曾与张謇在一起商讨有关政策问题。谈话具体内容已不可考，张謇在日记只说是"未知涯畔"。孙、张不仅有政见上的分歧，而且有性格上的差异，前者富于理想，后者强调务实。很可能在谈话中涉及兵、饷两大严重问题，孙又重复了"予不名一钱也，所带回者革命之精神耳"之类意思，张謇遂有此讥评。这时，袁世凯已经派前二十镇统制张绍曾为宣抚大臣，南下到长江一带活动。1 月 6 日，张謇与张绍曾在南京会晤，此后又有几次接触，显然与袁世凯之间加强了联系。所以张謇在 1 月 10 日打电报给袁世凯，介绍南方政治局势："南省先后独立，事权不统一，秩序不安宁。暂设临时政府，专为独立各省，揆情度势，良非得已。"在此前后，张謇还曾电告袁世凯："甲日满退，乙日拥公，东南诸方一切通过。昨由中山、少川先后电达。兹距停战期止十余小时矣，……久延不断，殊与公平昔不类，窃所不解。愿公奋其英略，旦夕之间戡定大局，

为人民无疆之休，亦即为公身名俱泰，无穷之利。"（《劝告袁世凯速决大计电》）

对于张謇的再三敦促，袁世凯并非不能理解，然而客观形势对他的行动也并非完全没有制约。所以袁世凯在复电中陈述了自己的困难："凯衰病，断无非分之想，惟望大局早定，使生民少遭涂炭。但在北不易言共和，犹之在南不易言君主。近日反对极多，情形危险，稍涉孟浪，秩序毕乱，外人乘之，益难收拾。困难万分，笔难馨述，非好为延缓，力实不足，请公谅之。"排除其中"无非分之想"之类虚伪套语，大体上符合北方情势。

然而，由于帝国主义列强、立宪派和旧官僚都倾向于支持袁世凯，南京临时政府的处境更为困难。张謇早在《为财政事致赵竹君函》中即已断言兵、饷两大问题非南京临时政府所能解决："北京公使团会议，如南京临时政府成立，有统一军队及财政能力，则可公认为政府云云。""而急进之徒，日日言临时总统，一若总统出现，大功已成也者，按之事实，岂其然乎？"不能说张謇完全没有协助临时政府解决财政困难，但他的态度基本上是消极的。例如，在临时政府成立之前，他在应允出任两淮盐政总理时就说得很清楚："欲江宁回复秩序，须置官任民事；欲置官任民事，须客军（指革命军队）出发。欲客军出发，须筹备财政，财政之可急筹而得用者惟盐。"筹款是为了把"客军"尽早资遣离开江苏，这是张謇当时并不讳言的真实思想。在南京临时政府成立前后，他曾通过商会陆续筹集五十万元，作为"客军"出发的开支。以后"客军"迟迟没有离开江苏，而且六路北伐的呼声一度还比较响亮；加以独立各省各自为政，筹款极端困难，张謇的态度更趋消极。

辛亥革命本来就是一场不够成熟的革命，而张謇对于革命如此迅速到来更是缺乏思想准备。尽管他承认"今共和主义之号召，甫及一月，而全国风靡，征之人心，尤为沛然莫遏"。但他对革命毕竟缺乏理解，尽管孙中山、黄兴等领导人对他备加优礼崇敬，他仍然习惯于用挑剔的眼光来观察革命。二月十日，他很快就写成《革命论》上、下篇，比较明确而又详尽地阐明了自己对革命的看法。他把2000多年来的历次革命、起义与王朝更迭混为一谈，并且将之区分为"圣贤、豪杰、权奸、盗贼"四个层次。在他看来，只有远古的汤武革命才可以算得上是"圣贤革命"，其余的农民起义或王朝更迭，"假汤武者豪杰则庶几，其次类皆出入于权奸、盗贼之间"。他强调革命必须有"圣君贤相"领导，并且规劝革命党人说："使革人之命，而上无宽仁智勇文武神圣之君，下无明于礼乐兵农水火工虞之佐，则政教号令旧已除而新无可布，布者复不足以当王泽而餍民望，其愈于不革者几何？"如果革命流于"权奸、盗贼之间"，则难免"自蹈于厉与凶、悔与亡"。

由于以汉冶萍公司向日本抵押借款一事引起争议，张謇终于脱离了南京临时政府。

当时，临时政府的财政已处于山穷水尽的困窘境地，孙中山、黄兴等被迫以汉冶萍公司向日本抵押借款。张謇在上海得知消息后，立即致函孙、黄加以劝阻，以为日本别有用心，盛宣怀尤不可信，抵押借款或集股合办均有严重后患。章太炎也借此事对孙、黄加以指责，孙中山在复章太炎函中作了耐心解释。同时，临时政府秘书长胡汉民也奉孙中山之命向张謇恳切说明："自一月以来，见克强兄以空拳支柱多军之饷食，……寝食俱废。度其急不择荫，亦非不知。今已成事，惟祈先生曲谅，并于誉论不满之点，稍予维持。"（《近代史料信札》）

可是张謇对此事耿耿于怀，未能予以"曲谅"。他在2月20日正式辞去实业总长职务，辞电称："汉冶萍事曾一再渎陈，未蒙采纳。在大总统自有为难，惟謇身任实业部长，事前不能参预，事后不能补救，实属尸位溺职，大负委任。民国成立，岂容有溺职之人滥竽国务，谨自动辞职，本日即归乡里。"（《张季子九录·政闻录》）虽经孙中山等一再挽留，甚至表示愿意对汉冶萍抵押借款一事谋求有所补救，仍然未能说服张謇取消辞意。

在十多年以后，张謇曾经说过一段话："一国之权犹鹿也，失而散于野则无主，众人皆得而有之，而逐之，而争以剧。"（《啬翁自订年谱》序言）清朝的覆灭意味着原有政治中心的泯灭，张謇不愿出现"鹿散于野"的情况，也不愿中国同时存在两个中心，他希望能由袁世凯掌握中央政权并成为唯一的政治中心。在他看来，只有这样才能在全国范围内恢复统一与秩序。

五、结束革命

也是在 2 月 12 日这一天，袁世凯利用全国革命声势，迫使隆裕太后正式颁布诏谕，承认清帝退位。延续两千多年的封建帝制和 268 年的清朝，终于最后被人民革命的伟大潮流埋葬了。张謇在三天以后才见到逊位诏书，并且在日记上写道："此一节大局定矣，来日正难。"

就所谓"大局定矣"而言，张謇并非局外之人。因为还在孙中山当选为大总统而袁世凯颇为疑忌的时候，张謇就曾给袁世凯发过一封密电："窃谓非宫廷逊位出居，无以一海内之视听，而绝旧人（宗室、遗老）之希望。非有可使宫廷逊位出居之声势，无以为公之助，去公之障。在鄂及北方军队中诚鲜通达世界大势之人，然如段芝泉（段祺瑞）辈必皆受公指挥。设由前敌各军同意电请政府云：'军人虽无参预政权之例，而事关全国人民之前途，必不可南北相持，自为水火，拟呈办法，请政府采纳执行，否则军人即不任战斗之事。云云。'如是宫廷必惊，必畀公与庆邸（庆亲王奕劻）为留守；公即可担任保护，遣禁卫军（当时禁卫军已改由冯国璋统领）护送出避热河，而大事可定矣。"从张謇主观愿望来说，自然是着眼于大局的稳定；但就袁世凯的窃国阴谋而言，这一建议正好投合他的心意。实际上袁世凯也正是这样做的，在他的秘密授意下，以段祺瑞为首的北洋前敌将领，不久就一反过去誓死反对共和的论调，转而电请清廷明降谕旨确定共和，为袁世凯的逼宫夺权提供了武装声势的后盾。

2月13日，袁世凯把清帝退位的决定正式通知南京临时政府，并且虚伪地宣布："共和为最良国体，……永不使君主政体再行于中国。"当天，孙中山履行就职时的诺言，当即向参议院辞职，把临时大总统职务让给已经表示"赞成共和"的袁世凯。2月15日，参议院正式选举袁世凯为临时大总统，袁的窃国阴谋初步实现。但是，南方许多革命党人对袁世凯的政治态度仍然将信将疑，迟迟不愿交出军政权力，有些人甚至继续鼓吹和策划北伐。张謇在日记中所说的"来日正难"，在一定程度上就是指以袁世凯为新的政治中心统一中国仍将面临重重障碍。

在南京临时政府正式结束之前，孙中山等革命民主派曾为防范和限制袁世凯的独裁野心作过一番努力。他向参议院推举袁世凯继任临时大总统的同时，就拟订了三项条件：1. 临时中央政府地点定为南京；2. 新总统必须亲自到南京向参议院宣誓就职；3. 新总统必须遵守参议院通过的《临时约法》。他们一方面想用资产阶级的民主法制束缚袁世凯的手脚，一方面更想把这个野心人物从北方反动巢穴搬到革命中心南京，把他置于暂时还保持一定声势的南方革命力量的包围与监视之中。袁世凯自然不甘心接受《临时约法》的拘束，然而对他来说，更为现实和迫切的问题却是南下就职和定都南京。于是，一场迁都与反迁都的斗争就在南北之间展开了。

从先前的政治中心及和谈地点之争发展成为迁都之争，前后两种争执的性质已发生了变化。上海集团与武昌集团之间对于临时政府及和谈地点之争，那主要是南方几种政治力量对于权力的争夺；可是迁都之争，从根本上来说，却是革命人民与以袁世凯为首的北洋军阀之间的斗争。现在，上海、湖北两地的立宪派、上层绅商、部分旧官僚之间的地域性争执，已经降低到无足轻重的地位，他们联合起来反对孙中山坚持建都南京的正义主张。起初是临时参议院的大批议员公开反对，接着是黎元洪之流或明或暗对孙中山进行指责。张謇由于希望南京临时政府尽早结束，让袁世凯总揽军政大权并在全国范围统一与稳定秩序，所以也站在反对迁都的一边。

当时的形势已经越来越不利于革命阵营。因为，面临着帝国主义列强的威吓，北洋军阀的武力威胁与和谈欺骗，资产阶级革命派的妥协倾向普遍有所增长，其内部的分歧与分化也日益加深，这样就更加便于南方上层绅商把革命派逐渐引向屈从于袁世凯的错误道路。在老同盟会的领导人中间，汪精卫早已被袁世凯收买，表面上是南方谈判代表的参赞，实际上却成为唐绍仪等北方代表的入幕之宾，与张謇、赵凤昌的关系也极为密切。张、赵还通过另一个老同盟会员陈陶遗来笼络、影响黄兴。陈陶遗原名道公，辛亥前在上海因刘师培告密被捕入狱，张謇曾为他向两江总督端方说情。陈被释放后改名陶遗，以表示感念端方（号陶斋）不杀之恩。他与黄兴关系很深，有"黄派党员"之称。江苏光复后不久就被聘请充当都督府顾问，稍后又被推为临时参议院副议长。张謇正是利用这种历史渊源，通过陈陶遗在同盟会上层转达自己的意向，这样就使孙中山等更加难以坚持正确的主张。

早在2月13日，袁世凯在通知南京临时政府有关清帝退位的电文中，就曾经表示不愿南下就职。而南方各种旧势力和资产阶级上层人物，也就立即为袁世凯出谋献策。张謇曾给袁世凯一封贺电："公膺众选，全国汴庆。要公南者固多，不可说公不能南，须北数省咨局肫切联争于参议会。若南，须以师从。"他还建议："目前第一难题，即要公南来。解此题者，只有二法：一从在京外交团着手，一从北数省人民着手，……使不欲南之意不出于公，当可有效。"（《为时局致袁总统书》）袁世凯早已成竹在胸，何须张謇指点？不过这一建议与袁的反迁都对策大体上是相近似的。

2月18日，南京临时政府派蔡元培、汪精卫、宋教仁等作为专使，准备到北京劝说并迎接袁世凯南下就职。袁世凯于21日通电表示拒绝，说什么北方"内讧外患，递引互牵，若因凯一去，一切变端立见，殊非爱国救世之素志。若举人自代，实无措置各方面合宜之人"。这些语言与帝国主义列强和南北旧势力所宣扬的"非袁不可""非袁不可收拾""北方多故""北都关系外交内政甚巨"等论调正好互相呼应。

南方迎袁专使于2月28日全体到达北京，袁世凯表现得异常热情，大开正阳门隆重欢迎。他反复向代表说明自己确实愿意南下就职，甚至"与各统制及民政首领商留守之人"，并且不厌其详地与代表们商量南下路线等具体问题。可是，就在代表们到齐后的第二天晚间，北洋嫡系第三镇突然发生所谓兵变，连续几天把北京、天津、保定、通州（河北通州）等地闹得乌烟瘴气，使人民生命财产遭到严重损害。同时，北京外交团会议，决定加强外国军队在北京市区巡逻，日、英、俄、德等国纷纷增调军队入京，一时总数竟达3000人之多。

这样的形势自然更使反迁都论者振振有词，他们或则说"舍南京不至乱，舍北京必至亡"；或则说"临时政府必应设于北京，大总统受任必暂难离京一步"。在这一片鼓噪声中，也夹杂着张謇主持或参与的江苏省议会、中华民国联合会（统一党）以及他所支持或亲信的《时报》、庄蕴宽等团体或个人的声音。张謇本人也频频致电袁世凯，认为袁绝不能南下就职。他还与唐绍仪电商："京、津、保、永同时发难，显有煽乱之人。据英人李治面告：东邻（日）与宗社一月前中有勾结。夜长梦多，皆由不早统一之过。若再相持，危机愈迫，锢乱不可胜言。为今计，惟有利用外交团以非正式公文劝告南北两方，并声明不能听项城南下，致生变故。商之竹君（赵凤昌），亦谓非此不易解决。请密图之。"

在内外各种反对意见的压力之下，严重脱离群众的革命党人四顾无援，只有屈从于袁世凯的无理要求。3月6日，袁世凯在北京宣誓就职，四天以后即正式登上临时大总统宝座。迁都问题终于解决了，成立内阁问题又接踵而至，但难度却小得多。这里只需要说明一点，即内阁人选的酝酿，又是在赵凤昌的惜阴堂。

早在唐绍仪南下谈判之前，洪述祖即已向赵凤昌透露过袁世凯的窃国计划：一方面挟北方势力与南方联络，一方面借南方势力以胁制北方（清朝），……制造共和局面。宫保（袁世凯）为第一任大总统，公（唐绍仪）为内阁总理。令人惊异的是，不仅南北双方代表讨论内阁总理人选的地点在惜阴堂，而且首先正式提名唐绍仪的竟是并非代表的惜阴堂主人。据张謇的得力助手回忆：当赵凤昌提名唐绍仪为内阁总理时，"孙文、黄兴同时鼓掌"，于是一致通过。

南京政府正式宣告结束以后，中外反动势力皆大欢喜，上层绅商也以为统一与秩序指日可待。张謇在日记上写道："孙中山解职，设继清帝逊位后数日行之，大善。"竟然责备革命派把政权交出得太迟。可是，张謇并没有马上参加袁世凯政府。他自己曾经解释说：主要是由于不久以前已经向南京政府断然辞去实业总长，"今若忽焉而北，则浅见者必以为有轻重向背于其间，而无识者且可造为种种荒诞离奇之语"。实际上就是因为南方还存在着相当数量的革命军队，同盟会——国民党人还控制着好几省地盘，所以他暂时还不愿完全表露亲袁倾向，以便继续在南北之间充当调人角色。他答复袁世凯说："以生平所知，拾遗补阙，自问尚有一日之长。若一处行政地位，侪于国务，则言论转难发挥，而与社会亦易隔阂。"因此，"凡公旧日信用之人，除军队外，愿公勿尽置左右，而拟以可遥为声援之地"。所谓"拾遗补阙"和"遥为声援"，就是想要继续保持第三者和民间的超然姿态，与袁世凯实行"朝野合作"，以求更快地巩固和加强北京中央政府，从而逐步恢复统一与稳定。

张謇主要是通过三方面的活动来协助巩固袁世凯政府：一是积极为袁组织与党；二是积极为袁物色助手；三是继续协助消除南方剩余革命武装。

张謇最初曾想把统一党变成政府党。早在 3 月 10 日他就电告袁世凯："政党以统一较胜，少川（唐绍仪）已入，足以代公。世兄（袁克定）加入亦可。公可勿入一切政党，以免障碍。党需资本金，謇拟合实业助之。公能由少川赞助若干否？"他一方面劝说袁世凯保持"无党无派"的"超然"地位，一方面又建议袁出钱资助与党，这自然很合乎袁世凯的心意。未隔多久，为了对抗宋教仁等人的极力扩充同盟会，张謇等在袁世凯资助下，以统一党和民社为基础，合并国民协进会、国民公党、国民公会、共进会等政治团体，在 5 月初正式成立了共和党。共和党强调"全国统一"，高唱"国权主义"，是袁世凯政权的主要支柱，也是同盟会在参议院内外的主要敌手。这个党以黎元洪为理事长，张謇、程德全等为理事，在干事中有张謇的得力助手杨廷栋、孟森，以及汤化龙、林长民、籍忠寅等，立宪派显然在其中处于主导地位。

张謇还到处联络各方面代表人物替袁世凯政府工作，其中花费精力最多的就是为梁启超回国而"疏通"。早在 1911 年底，梁启超就派盛先觉到上海来找汤寿潜和张謇联系，彼此谈得非常"融洽"。不久，张謇果然向袁世凯推荐："保皇党人若梁启超，亦可择用，南方现已疏通。"1912 年 3 月 10 日，他又向袁世凯建议："梁虽疏通，下尚未静。可听其到京备顾问，勿遽任事。"为什么既要"疏通"而又必须"勿遽任事"呢？为什么梁启超的回国显得这样困难呢？原来梁启超过去的声名确实太坏，特别是国内有些革命党人极力反对让他回国。有人曾经公开提出警告：如果梁启超回国，将以"炸弹相迎"。吓得梁启超连忙发表声明，说是自己安心在日本留住，根本没有打算回国云云。张謇和袁世凯虽然很想利用他那一套政治理论，作为组织北京的法理依据，并对抗南方革命派的政治斗争，可是却也不敢过于公开违逆舆论的抗议，所以最初只限于暗中在南方加以疏通。

后来，统一党与民社以及其他一些政团合并组成共和党，张謇又曾一再建议推举梁启超担任协理，只是因为梁启超一系的立宪派分子不愿寄人篱下，而且正在自行组织第三党（民主党），极想操纵于同盟、共和两大党之间，所以才没有接受张謇的建议。不过，由于他们这样热心地疏通和宣扬，终于逐渐抬高了梁启超在国内的声价，而公开表示欢迎梁启超回国的人也逐渐增多，其中还包括一部分原来的同盟会员（如刘揆一等）。梁启超看见国内政局的变化日益对自己有利，终于在1912年10月5日回国。他回国以后不仅"以文章鼓动天下"，而且到处发表演说，为原来的立宪派分子打气，鼓励他们在政治上更加活跃起来，加强与革命派对抗。

不久，袁世凯看见由同盟会改组而成的国民党声势很大，即授意并资助共和、民主两党合并，成立进步党。国内外立宪派终于完全合流，成为袁世凯政权的重要支持力量，而在这整个过程中张謇都是相当积极的。

此外，张謇还曾经协助袁世凯联络岑春煊。在南方的旧官僚中，岑春煊是袁世凯的老对头，人们都知道岑三、袁四如水火之不相容。岑春煊能够控制的武装力量极为有限，而且也不如梁启超那样有一套理论并善于宣传。但是，他凭借过去的政治地位，一直与立宪派保持密切联系，而以后又逐渐加强了与南方某些革命党人的交往，因此在社会上仍然具有一定的号召力。袁世凯对此人颇为疑忌，因此便想利用张謇过去领导预备立宪公会的老关系，劝说岑春煊支持北京政府。袁世凯就任临时大总统不久，张謇就打电报告诉赵凤昌："顷沪上（袁世凯）来电，谓'蜀中望西林（岑春煊）如岁，鄙人亦望其出山，共扶民国。拟以宣慰相托（任以四川宣慰使），到蜀后即发表督川。惟未经首肯，不敢轻举。……请公即诣西林代为劝驾'。"四川当时的局势颇为混乱，袁世凯显然想要岑春煊为自己火中取栗。岑春煊对袁世凯的为人早有了解，因此便提出调兵、筹饷和如何处理四川都督尹昌衡三大难题，反过来将袁世凯一军。随后，他又以"病躯正在筹备出洋访医"为借口，婉言谢绝了张謇、赵凤昌代表袁世凯转致的延揽。

与此同时，张謇又花费很多精力协助袁世凯最后结束南京政府和裁撤革命军队。

早在 1912 年 3 月 30 日，张謇给正在北京的王饶生（张派去与袁世凯联络的专使）发出一通密电，命他立即转告袁世凯："惟宁、苏、镇、扬、清、沪尽伏危机，遣散军队，岂容过缓？然必须有一镇精整可恃之军，数百万应时可给之款，乃可次第措手。"在同一天，他还曾直接打电报向袁世凯建议：命江苏都督庄蕴宽立即移驻南京，抓紧促使临时政府交代一切，并且利用袁世凯拨来的款项尽快遣散这一带的革命军队及其他杂牌武装。

由于顶不住中外反动势力的压力，同时也由于饷银实在缺乏，以致军队经常哗变，黄兴在 6 月 14 日最后结束了南京留守府，而且把原来的十几万军队也裁得只剩下四个师。上海军政府都督陈其美迟迟不愿就任工商总长的空头职务，在上海还拖延了一段时间，但是终于也顶不住各方面的逼促，悄然结束了上海都督府。张謇早就说过："陈有所归（任工商总长），苏之大幸。"这符合他们的意愿。

到这年 9 月 3 日，张謇感到江苏以至南方多数地区的局势已经比较稳定，便带着亲信孟森等北上，与袁世凯正式商谈一切，表面上好像仅仅是向袁世凯陈述有关盐法、官制等改革计划，其实私下还与其他共和党骨干分子，帮助袁世凯笼络和影响黄兴，极力劝说黄兴支持北京政府的"集权统一"。

9 月 12 日，赵凤昌在黄兴北上以后，立即密电告知张謇："克公（黄兴）昨临行深谈北来宗旨，注重集权统一，力顾大局，并愿与共和党开怀畅聚，嘱达此意。即希转商范、熊、金、叶诸公，发起欢待，至祷！""范、熊、金、叶"即范源濂、熊希龄、金还、叶景葵等人，都是共和党的骨干，也大多是原来立宪派分子。他们与张謇、赵凤昌一样，都对黄兴的"注重集权统一"深感兴趣，因此为黄举行盛大的欢迎宴会，极尽其拉拢联络之能事。

由于革命派的趋向妥协与袁世凯的虚伪做作，1912年秋天国内政局曾一度出现表面上的融洽现象。在孙中山、黄兴相继入京以后，紧接着便是袁、孙、黎、黄四大巨头联合商定的"八大政纲"的发布。这个政纲强调统一、裁军、理财和提倡实业等，当时民族工商业刚刚渡过辛亥革命前的萧条而开始走向复苏，资产阶级绝大多数人都被这表面的和平假象所陶醉，满心以为"产业革命此其时也"，因此集注精力于发展实业去了。

张謇也不例外。他感到自己所需要的统一与秩序已是指日可待，因此回到江苏以后就陆续辞掉咨议局议长、宪法起草委员会委员和国会议员等政治职务，甚至连他一向所最感兴趣的盐政总理一职也一并辞去，转而以主要精力在南通一带经营企业与推行地方自治。在民国成立后的第一年，他除了继续经营大生纱厂等企业外，还先后在南通设立了幼稚园传习所、图书馆、盲哑学校、盐场警察长尉教练所、贫民工厂、医院、养老院、残废院等单位，并且还规划了狼山森林苗圃，扩充了新育婴堂。

第二节　农商总长

一、调停宋案

由袁世凯代替孙中山担任临时大总统，这当然是一个错误的选择，却是一个无可避免的选择。仿佛不成熟的植株只能结出不成熟的果实，人们在急就章似的辛亥革命以后只能默默地吞咽这个不成熟果实的酸涩液体。

孙中山本来对袁世凯是有所防范的，但在"漫游燕晋齐鲁"以后思想也有了变化。1912年10月，他在上海国民党欢迎会上发表演说，认为："革命起于南方，而北方影响尚细，故一切旧思想未能扫除净尽。是以北方如一本旧历，南方如一本新历。必新旧并用。全新全旧，皆不合宜。故欲治民国，非具新思想、旧经验、旧手段不可，而袁总统适足当之。"正是从这一认识出发，孙中山决心集中力量从事铁路建设，黄兴也兴致勃勃地组织拓植协会，筹划大规模开发边疆。

可是，1913年3月20日国民党领袖宋教仁在上海被刺，很快就打破了国内的虚假和平局面，也使许多革命党人迅速觉醒过来。

这个消息传出之后立刻激起国内政局轩然大波。南方革命力量非常激动，社会进步舆论也纷纷谴责袁世凯政权的卑鄙罪行；而袁世凯则积极大借外债，调兵遣将，准备乘此一举彻底消灭南方残余革命武装，实现北洋军阀独霸中国的武力统一。战争可能再度爆发的各种迹象，使正迷醉于和平发展实业的资产阶级感到极为震恐，他们害怕紧接着辛亥革命又来一次社会较大的动荡。

宋教仁是在3月22日因为伤重逝世的。当天，黄兴除向袁世凯发出宋教仁沉痛要求"开国会、立宪法"的遗电以外，还特地把这个消息通知了赵凤昌。张謇这时正在南通，对宋教仁的被刺感到非常惋惜。两天以后，他写信给赵凤昌说："遁初（宋教仁）以调和南北慷慨自任，无端被害，此必有不欲南北调和者。乱人横行如此，世岂可问？拟挽以联云：'何人忍贼来君叔，举世谁为鲁仲连？'不知联寄何所？想公亦必伤悼之也。"原来，在张謇等人看来，革命性较强的孙中山一派是"好战的"，而比较温和的宋教仁才是"鲁仲连"式的人物，也就是可以协同他们促成南北妥协的角色。

张謇对于当时的局势，曾经作过相当审慎的观察和分析。他认为："惟小乱必在意中，大乱殆尚可谈。好勇疾贫之人多，故小乱在意中。两方之力一虚一实，势不相等，又中外人观念绝与前年不同，故可谈。"所谓"观念不同"，就是害怕动乱、厌倦革命，这是当时资产阶级的基本政治趋向，因此有利于袁世凯的武力统一，而不利于革命党人在各地的起义反抗。正是出于对形势的如此分析，张謇在东南绅商上层人物的敦促下，参与了一系列调停活动。

他在正式调停以前，首先发出《调和南北致孙少侯、王铁珊函》，全面陈述了自己对于宋案的看法。孙少侯即孙毓筠，是同盟会的变节分子，在卸去安徽都督职务以后，担任薪津很高的袁世凯的"公府顾问"。王铁珊即王芝祥，是归附革命的旧官僚。他本来和国民党的关系较深，可是在一再受到袁世凯排挤以后，却转而趋奉于袁。宋案发生后，江西革命党人非常愤激，积极酝酿反抗，王芝祥奉袁世凯之命南下前往"宣抚"，实际上就是设法瓦解革命武装。他们已经打电报给黄兴，公开劝国民党人"持以镇静态度"，所以张謇便首先选中这两个人作为疏通南北的辅助力量。

5月下旬，由于"宋案"和大借款案的争执日益激烈，整个政治局势也更加紧张起来，南北之间战争的爆发愈来愈迫近了。全国商会和杨廷栋、赵凤昌等都劝张謇亲自到上海加强调停活动。袁世凯虽然正在积极筹备发动内战，可是为了麻痹革命力量和继续欺骗人民，也虚伪地表示希望张謇"为之调人"。张謇感到各方面对自己都很重视，而且形势又极紧迫，便认为正式"调停诚亦此时矣"，因此回信表示愿意亲来上海。同时，他在5月26日还给黄兴写了一封信，请赵凤昌和杨廷栋、刘厚生等商酌定妥之后再转送过去。给黄兴的这件信稿至今还没有发现，但联系前后的情况来分析，可以推想总不外乎是劝他坚持"法律解决"的主张。当时，"法律解决"的错误主张仍在国民党内部不断蔓延，这未尝不在一定程度上反映了南方资产阶级上层人物调停的功效。

同时，国民党中间的妥协派，由于害怕袁世凯武力的强大，对于武力讨袁完全缺乏信心，因而也在四处奔走求和，其中最活跃的人物就是汪精卫、胡瑛等。他们很快就和张謇、赵凤昌建立联系，并且把张、赵当成与袁世凯通话的桥梁。

6月4日，江苏都督程德全即将派应德闳、杨廷栋北上见袁世凯商讨时局，事先特地请张謇到南京交换意见。第二天，赵凤昌从上海打电报给江苏都督府顾问陈陶遗，说是汪精卫、胡瑛等一致主张和平，请转告袁世凯不要急于撤换江西等省国民党都督，"俾汪更易进行"劝阻国民党武力讨袁的妥协活动。紧接着汪精卫又通过赵凤昌，电邀张謇和陈陶遗"即日来沪"，以便互相配合展开调停活动。

张謇从南京回到南通，暂时没有到上海去，可是却在6月9日给袁世凯一封长信，事实上已经配合汪精卫等向袁世凯进言。

这封信中首先向袁世凯详细分析了政局的发展变化，认为"宋案"虽然引起南北猜疑，波涛起伏，但是现在"众情乃益以宋案听诸司法，而望治之心益热于政府"，国民党在南方越来越难以发动武装反抗。他还特别强调，善后大借款的成立和美国对袁世凯政府的承认，更使形势朝着有利于袁世凯的方向发展。同时，他表示自己将继续诱导"国民党有学识之人"（主要指汪精卫、胡瑛等妥协分子），"劝其转导党员归向平正"（即放弃武力反抗）。最后，他呼吁说："区区私忧，但求人人知觉中有国计民生四字，彼此相谅，各让一步，使正式政府早日成立，国会渐次宁静。""彼此相谅，各让一步"之类语言显然是表面文章，实际上只是要求国民党作单方面的让步以至屈服。不过为了让国民党更容易下台阶，他才建议袁世凯稍微给他们留点面子。

可是，在袁世凯的"知觉"中却连民族资产阶级所讲的"国计民生"

四个字也没有，他所追求的是在全国范围内实行"统一"的军事专政。正是在六月九日同一天，袁世凯首先把倾向于武装反抗的国民党江西都督李烈钧免职，他有意挑起一场国内战争，以便完全消灭南方革命武装力量。张謇等最初曾经一度考虑过国民党也许会马上宣告决裂，可是很快却发现国民党妥协派仍然在苦苦求和。因此，张謇经过与陈陶遗、刘厚生等商量以后，在6月13日把汪精卫等预先拟订的三项妥协条件正式通知袁世凯，并且还特别声明国民党"不以赣令改易"，就是说决不会因为李烈钧免职一事而变更求和方针。

三项妥协条件全文较长，简单归结起来就是：1. 国民党"为顾全大局计"，决定依然选举袁世凯为正式大总统；2. 严禁军人（主要指南方国民党都督）干政，并希望袁世凯在临时大总统任内"暂不撤换"江西、安徽、广东、湖南四省国民党都督；3. "宋案法律解决"，而且将来追究论罪只到洪述祖、应桂馨为止，不再要求法庭传讯第二号主谋赵秉钧。

其中第一、三两项都是国民党单方面向袁世凯的"让步"，连"法律讨袁"的口号都不敢再提了，而且还要保证国民党议员把袁世凯拥上正式总统的宝座。"宋案法律解决"自然也就相应打了很大折扣，不仅不敢追究袁世凯，连赵秉钧也不再加以过问，宋教仁就算是不明不白地被刺死了。只有第二项是对袁世凯提出的要求。然而调子却低沉得可怜，仅仅希望袁世凯"暂时"不要撤换南方四省国民党都督，等他当上正式总统以后再来考虑人事变动问题，这样或许可以使国民党体面下台。

由此可见，以汪精卫等为代表的国民党妥协派已经堕落到什么地步。这三项妥协条件并不是一时权宜之计，而确确实实是他们经过反复讨论，并且征得张謇等"调人"的同意，然后才正式确定下来的求和方案。他们还一再向张謇等解释，说是这三项妥协条件确已得到国民党领导人的赞同。从赵凤昌藏札中剪贴的一张报纸来看，这三项妥协条件当时还曾在报上全文披露过。汪精卫等在反动统治者面前乞求"谅解"的可耻面目完全暴露无遗。

国民党妥协派越是委曲求全，袁世凯越是气焰嚣张。6月14日，他进一步撤换广东都督胡汉民。两天以后，他又通过给张謇的复电，气势汹汹地质问国民党："调人络绎，名曰维持，而暴烈进行，仍不住手，无非甘心鄙人，破坏民国。即不为一身计，宁不为一国计？……倘伟人果肯真心息兵，我又何求不得。如佯谋下台，实则猛进；人非至愚，谁肯受此？"明明是自己正在调兵遣将，却反咬国民党"暴烈进行"；明明是自己正在独裁专政，却反咬国民党"破坏民国"。所谓"伟人"，指的就是孙中山和黄兴。袁世凯这个电报除了颠倒黑白，混淆是非，借以欺骗人民而外，主要在于逼迫国民党领导人最后摊牌，或战或降，别无其他抉择。

张謇第二天就把袁世凯的复电抄寄给赵凤昌，请他转达汪精卫等国民党代表。张謇特别强调，袁世凯"不能放心处甚多，非将孙、黄必有正当之宣布（指正式放弃武装反抗）告之不可，但不知孙、黄之观念又何如也？"这实际上是协同袁世凯施加压力，逼迫国民党领导人公开屈服。

汪精卫等唯恐袁世凯翻脸，再一次表示让步。所以赵凤昌复信告诉张謇："汪已赴粤劝导同志归于稳定一致。……昨今两约蔡、胡（蔡元培、胡瑛）过谈，出抄电（袁世凯复电），俱说电令最要在'如佯谋下台，实则猛进'一语。……现在此间仍宗前议，不以赣、粤改辙；孙、黄必当表示以安定人心，惟待汪回沪商定表示之法耳。"所谓"仍宗前议"，就是仍然维持上述三项妥协条件，不过在五天以前还只说是"不以赣令改易"，现在却又进而声明"不以赣、粤改辙"了（即决不因为李烈钧、胡汉民被免职而改变求和方针）。国民党妥协派的退让几乎是没有止境的，现在他们和南方资产阶级上层分子更紧密地配合起来，企图再一次共同迫使革命派向袁世凯屈服。

6月30日，袁世凯又悍然撤除安徽都督柏文蔚的职务，同时北洋军队也步步加紧了对于江西和南京两地国民党武装的围逼，一场国内战争已经无可避免。南方资产阶级上层人物和国民党妥协派，毕竟无从最后阻止以孙中山为首的革命民主派所发动的武装反抗。7月12日，江西湖口国民党军队在忍无可忍的紧急形势下，对北洋军队的猖狂进攻展开英勇反击。三天以后，黄兴在抵抗派的推动下，领导另外一部分国民党军队在南京宣布独立。湖北、湖南、安徽、上海、广东、福建、四川等地的国民党抵抗派，也纷纷策动起义或正式宣布独立，武力讨袁的革命旗帜终于举起来了。

张謇等人一年多以来所最担心而又恐惧的"二次革命"到底还是爆发了，这自然使他们感到非常恼怒。7月17日，他在给赵凤昌的信中愤然说："吾两人为人利用，信用失矣。实业生计大受损害，外交亦恐生危阻，殊可痛也。"他们利用了国民党妥协派，而自己又为袁世凯所利用；但他们没有一句话责备袁世凯，却将战争爆发的责任全部推到革命派身上。于是，张謇断然表示停止调停，而且公开表明拥袁反孙的政治立场，把北洋军队称为"国军"，而把讨袁武装称为"叛军"。不管他自己是否已经意识到，他所说的国家就是袁世凯所掌握的反动军政体系。

七月二十七日，张謇在给赵凤昌的信中又指责国民党抵抗派："沪上罔死之民之众，损失市产之巨，彼作难者何词以对吾民？即通（州）实业之受损亦数十万矣。可恨！"在资产阶级看来，为了保持市场稳定和避免货物滞销，人们就得忘记政治上的是非，容忍袁世凯的专横暴虐，而这才算得上是"顾全大局"。

辛亥革命后民族工商业的复苏，反而使资产阶级在政治上趋于保守，这是由于相对丰厚的利润模糊了他们的眼睛。以大生一厂的纯利增长为例，1911年只有201520两，利润率为17.83%；1912年增至326985两，利润率为28.94%；1913年更增至3671691两，利润率也增至32.54%。大生二厂在1911年纯利只有112962两，利润率为13.05%；1912年增至257410两，利润率为 29.73%；1913 年增至 286821 两，利润率也增至 33.13%。资产阶级看不到革命对于民族工商业的促进作用，却把一切归功于袁世凯的相对稳定统治带来了市场的繁荣，因此就纷纷抵制一切反袁斗争。

袁世凯为了孤立革命派，对资产阶级的拉拢与哄骗，更为增强了张謇等上层绅商的幻想。早在"二次革命"爆发前夕，袁世凯就装成资产阶级保护人的模样，命令各省官员"督饬军警竭力保护，如有匪徒藉端扰乱，损害商人，惟该都督、民政长是问。本大总统誓将牺牲一切，以捍卫我无罪之良民也"。这样他就把发动战争的责任全部推到革命派身上去了。"二次革命"失败以后。他更应允黎元洪等人的请求，特地褒奖了资产阶级，说是"而抵拒邪谋，倡提正论，则尤得各省商会维持之力。……各商界烛其奸邪，绝其资助，遂使逆谋无由大逞，乱事得以速平，曲突徙薪，功匪鲜浅"。因为帮助帝国主义及其走狗抵制资产阶级革命而受到北洋军阀的夸奖，这真是历史对于中国资产阶级的莫大讽刺。

二、调虎离山

但是，"二次革命"被镇压下去以后，东南地区上层绅商渴望的和平与秩序，并没立刻全部恢复。他们为了维护市场稳定，继抵制革命派的讨袁战争之后，还不得不防止清朝帝制复辟势力的真正捣乱。或许可以说，在"二次革命"前后，他们是在两条战线上维护切身利益，而所有这些努力都有利于袁世凯的集权统治。

早在 1912 年夏天，一些不甘心于清朝覆灭的王公、遗老在青岛秘密计议，颇想利用辛亥革命已经失败而袁世凯的统治尚未巩固的时机，依靠愚昧落后的张勋辫子军于 1913 年春天在济南发动武装复辟。不过由于袁世凯防范严密，此次"癸丑之春举兵济南"的冒险计划未能实现。

及至"二次革命"爆发，国内局势极为动荡，清朝复辟势力再次怂恿张勋乘机扩大地盘，以谋逐步颠覆共和，恢复清朝统治。张勋狂妄而又愚蠢，他一味"攘地贪功"，不惜付出重大代价于9月1日抢先攻入南京。辫子军进城以后，兽性大发，烧杀淫掳，造成极大的混乱与损害。同时又误伤三个日本人，引起日本政府严重抗议。一向以长江流域为势力范围的英帝国主义，对于这种局势更加表示极大的忧虑。张謇等江浙上层绅商抵制"二次革命"，本来是企望维持市场的稳定，却不料镇压"二次革命"又出现这样的后果，因此也非常不满而又焦急。

不久，他们就经由赵凤昌出面，写信向已经出任内阁总理的熊希龄告急："日来宁省（南京）怪象百出，人民之怨愤焦虑非可言喻。上海如《德文》《文汇》《大陆》《字林》各西报亦一再切切言之，且有称南京公民哀吁各国元首书，则甚谬妄。路透电传，伦敦《太晤士报》责洹上（袁世凯）手段未合，未能禁阻殃民军队，英政府对于借款诸事当变更态度。内失人心，外失信望，皆张勋一人酿成之也。南京现在情形令人惊骇，至今不悬国旗，红旗但见张字。见人礼节称谓，局署名称，悉照前清。用人则以前清时曾办某事作弊者，今令仍办某事，其居心实不可测。……吾辈自组织全国联合会，成统一党，力主统一之宗旨，拥护中央，至今如昔。今张勋之行为，必毁我江苏，毁我民国，且毁洹上。"同时，他们还在上海报刊上发表许多抨击性的时论文章，纷纷要求袁世凯立即制止张勋的反动暴行。

袁世凯的帝制思想也未尝不浓，但他想的是如何一步一步把中国变成世代相传的袁家天下，而决不容许前清贵老们恢复爱新觉罗氏天下。张謇等东南上层绅商则是真正反对清帝复辟，因为他们已经比较清醒地察觉，民主共和是时代的潮流，君主专制体制的复活绝不会为广大人民所容忍，而只会引起新的动乱以至战争。同时，退一步说，即使是仅仅作为对于统治者的选择而言，他们也认为袁世凯比清朝皇室高明得多。因为他们相信袁世凯具有控制全国局势的实力与手腕，而清朝皇室早已经过历史验证确实是昏庸无能。尽管张謇等原来曾是帝党中的骨干分子，但是现实却与帝党中的顽固分子决裂了。

张謇等人抵制复辟活动的表现，除了在舆论上加以抨击之外，主要还是极力敦促袁世凯赶紧把张勋调离南京。可是，由于张勋手头掌握为数较多的军队，加以还有日本政府插手其间，袁世凯也不敢操之过急。这一点，在熊希龄给赵凤昌等人的复电中表露得很清楚："南京事，东人（日本）志在开衅。一方面阴主联合苏督（张勋），并有运用溥伟入南京，为库伦第二之密报；一方面又要求革斥苏督，使中央与彼生恶感。现正竭力交涉。……南方各报似应在外交上注意，望勿专主攻击苏督，致令外人得手。此间业经决定调虎离山之计，幸秘勿宣。"所谓"调虎离山之计"，说来也很简单，无非是利用帝国主义的压力，采取比较和缓的方式，调换张勋的职务与任所。九月六日，袁世凯给张謇的复电，也透露了同一意向。

粗鲁莽撞的张勋自然斗不过老谋深算的袁世凯，所以在十二月十六日终于被调任虚有其名的长江巡阅使，江苏都督的职务由冯国璋接任。在这次"调虎离山"过程中，张謇也曾参与某些计议。据韩国钧（子石）回忆："八月初七日（阳历九月七日），政府命令余任江苏民政长。张季直电邀至通，嘱勿辞。乃电请先定军、民权限并财政系统，始就职。十五日奉复电（指北京政府复电）云：'已饬知都督（张勋）照办，并令遵照画一官厅组织办理。'旋张都督电催，遂于十六日起行。十九日至沪，二十一日赴苏接任，二十四日至南京晤张都督。"（韩国钧：《止叟年谱》）韩国钧出任江苏民政长，可以看作是袁世凯部署"调虎离山"的一个伏笔；而且事先一定通知过张謇，不然张謇就难以那么及时邀请韩国钧到南通共商对策。任命韩国钧为江苏民政长的用意有二：一是借口划清军民权限，尽量缩小张勋的职权范围；一是接管江苏省级机构，为最后调走张勋预作准备。其结局亦如韩国钧自己所回忆的那样："适以张军戕害日人一案，政府拟调张都督巡阅长江，而以冯国璋华甫军长继其后，特派怀宁阮忠枢斗瞻、段芝贵香岩先后来宁劝导。适中央命下，张部汹汹，余为百端设法消弭，又密商徐州张文生司令（亦属张勋部下）负责维持。张督索款百万，百计罗掘，甫有以应。濒行，又有要索未遂，竟欲以兵围民署，经段香岩军长力阻始罢。"（《止叟年谱》）韩国钧是张謇的故交，长期相处无间，以后历任江苏省民政长和省长，如果没有袁世凯的背景和张謇等人的实力支持，这个无兵无勇的官僚绝不敢出面与残暴成性的辫帅争权。

张勋在南京的这番骚扰，还产生一个意外的效果，就是促使张謇决心入京参加以熊希龄为首的"名流内阁"。

早在 8 月 28 日，熊希龄已经电请张謇出任工商总长。当时，张謇因为讨袁战争尚未结束，南方局势还不稳定，所以不愿到北京入阁，第二天就复电婉言谢辞。8 月 31 日，熊希龄再次电请张謇出山。9 月 1 日，袁世凯又亲自来电劝驾。这时，随着张勋进入南京以后局势的变化，张謇对于参加内阁的态度也发生明显变化。9 月 3 日，他代表江苏绅商向袁世凯电陈"任张（张勋）督苏之失"，请求立即撤换张勋。两天以后，他另复一电专谈入阁问题，所表示的态度是"未辞亦未允行"，这种半推半就的姿态，与其说是为了抬高自己的身价，倒不如说是为了促使袁世凯尽早调走张勋。果然，九月六日袁世凯来电隐约透露上述"调虎离山"计谋，张謇终于作了进京入阁的思想准备。

三、总长政绩

张謇对于此次北上，态度极为严肃而又持重。直到 10 月 5、6 两日，他还先后邀请汤寿潜、刘垣、孟森、雷奋等到南通"来商进止"，商谈的

出任农商总长兼水利局总裁时期的张謇

结果是决定立即北上。10 月 10 日，他乘北京政府专门派来迎接的飞鹰兵舰到达浦口，然后转乘津浦路火车进京。

10 月 16 日，张謇到达北京，第二天就与熊希龄、梁启超等到总统府商议大政方针。袁世凯不过是暂时利用这些东南名流来拉拢资产阶级并笼络南方人心，实际上是把他们当成为自己实现独裁专政铺平道路的垫脚石。可是，这些书生气十足的"第一流人才"，却对袁世凯的虚伪表态寄予厚望，颇想利用中央政权来推行他们思谋已久的那套治国安民的方针政策。从张謇来说，尤其希望在农商总长任内实现他梦寐以求的棉铁主义。

从 1913 年 10 月到 1915 年 11 月，张謇在北京政府担任了两年农商总长（其间有时在南方活动或请假）。这两年的主要工作，可以借用他自己的话来加以概括："光复而后，国体改革，以为自治中一切实业、教育之保障，渐可解除。重承大总统再三之命，促就农林、工商之职。私计实业之事万端，我国民智待牖；必有法律而后有准绳，有技术而后有规划，有经济而后有设施。故拟首订法律，次事查勘，次设劝业银行。法律则延揽通晓工商法之人，编辑各条例，先后已成二十余种。进是须用农工商技术专家，即需经费，而财政竭蹶，无可措手。就部撙节，所得无多，曾不足以展规划至小之一事。顾犹于国外作输入母财之希冀，至欧战发生，并借贷之源而亦绝。虽中法第一劝业银行，粗已签字，而履行固无定期。是謇就职时之设计已穷，日在官署画诺纸尾。所从事者，簿书期会之无聊，府吏胥徒所可了。其于国民实业前途，茫无方向，伐檀素食，时切疚心。"(《请解除农商部长职专任水利局务呈》)由此可见，两年的政绩，主要表现于经济立法。规划虽然做了一部分，但由于经费奇缺，大多流于纸上谈兵。

张謇根据自己多年从事实业的体会，并且结合考察日本、欧美经济发展的历史经验，深知健全经济立法实为发展民族农工商业之前提。他在就职之始发表的政见中，列举"扶植、防维、涵濡、发育"实业的四件大事，第一件就是"乞灵于法律"。他向国会报告说："故农林工商部第一计划即在立法，将来提出关于农工商法案，若耕地整理法，森林保护工场法，及商人通则，及公司法、破产法，运输保险等规则，尚望两院平心审择，迅予通过，俾本部得所依据，用策进行。"

通过这两年农商部所制定的各种法令、条例、计划，我们可以考察一下张謇当时的经济思想。

在这些法令和条例中，张謇基本上仍然保持着过去"民办官助"的主张。他一上任就宣布政见说："謇意自今为始，凡隶属本部之官业，概行停罢，或予招商承办。惟择一二大宗实业，如丝、茶改良制造之类，为一私人或一公司所不能举办，而又确有关于社会农、工、商业之进退者，酌量财力，规划经营，以引起人民之兴趣，余悉听之民办。张謇对于官业之主张，至扩张民业之方针，则当此各业幼稚之时，舍助长外，别无他策。而此行主义，则舍余向所主张之提倡、保护、奖励、补助以生其利，监督制限以防其害而已。"(《宣布就部任时之政策》)张謇当时在政治上虽然靠近袁世凯，但在经济上毕竟与交通系的财阀们有所不同。一般说来，他不主张把工商企业与国家政权直接结合起来，而是希望政府能够容许私人资本自由发展，并尽量促使它们走向繁荣。

在实业的各个部门中间，他仍然主张把发展的重点确定为纺织和钢铁，这也就是他所一贯标榜的"棉铁主义"。他极力主张在 15 至 25 年把棉纱纺锭增加到 300 万枚，认为只有这样才能勉强与英、日竞争。他经常强调纺织工业应该"听之民办"，并且特别鼓励人们向一直比较薄弱的织布企业投资。至于钢铁工业，他认为所需要的投资数额太大，为一般资本家所难以承担，最好由国家直接经营。不过当时北京政府的财政极为困窘，自然也无从向钢铁工业投入大量资金，所以他又主张对铁矿采掘业实行"开放主义"，即吸收外资。但须特别注意"条约正当，权限分明"，以免外国资本家乘机攫取过多的权益。

为了推行这些方针和"主义"，他曾先后主持拟订并提请公布了工商保息法、农林工商官制、矿法、公司条例、矿业条例、商人通例施行细则、公司条例施行细则、商业注册公司注册规则等。同时，他还先后主持拟订了筹办棉、糖、林、牧等场的计划，以及扩充改良棉田 5500 万亩、经营全国山林、东三省林垦、整理茶业、扩充制糖原料产地 1320 万亩、整理糖业、整饬国货等方案、计划或办法，准备利用欧战所提供的空隙，加强与外国资本主义竞争一番。真可以说是雄心勃勃，颇思有所作为。

张謇当时发展民族资本主义（特别是棉纺织品）的心情非常迫切。他曾经向袁世凯呼吁说："自我国奖励植棉条例公布后，各国颇为重视，而日尤甚。日本与印度有十年内在中国地方增设纺织机 150 万锭之约。其在日本本国，上冬今春已增锭 30 万，在我上海已增锭 10 万。悍战可畏，果如所计，我国枝节进行，已病驽钝；若更迁滞，则市场充塞，十年之后我国棉业岂复有申展之余地？"同时他还到处奔走鼓吹，精心设计，渴望推动民族资本主义迅速发展。可是，在那样贫穷残破的半殖民地半封建社会中，在那样贪婪残暴的北洋军阀统治之下，大规模发展民族资本主义的愿望是根本不可能实现的。"国体改革"已经流于形式，"实业之保障"依然没有解除，而民族资本主义首先面临的一个大难题就是资金极端缺乏。作为经济基础薄弱的中国资产阶级的代表，张謇于是又企望从借重帝国主义投资方面寻找出路。

直到这时，他对日本帝国主义还是有所戒备。例如，他所拟订的大规模发展棉纺织业和扩大改良棉田等计划，显然是以日本垄断资本作为主要的假想敌。再如，他建议把汉冶萍公司逐步收归国有以及疏通经营辽河等，也主要是为了抵制日本帝国主义对于这些企业和地区的侵占。但在另一方面，他对美国的幻想却愈来愈浓厚，甚至认为："美人素持门罗主义，其于财政一面，亦不愿溢入他国。"这显然是把美国企图独霸美洲的"门罗主义"，错误地理解为没有侵略野心的对外经济政策了。当时美国对华投资总额远远少于英国和日本，所以张謇更容易轻信美国垄断资本家的甜言蜜语，积极向他们寻求大量的资金援助。

接任农商总长不久，张謇即已拟订合资、借款、代办等三种"利用外交振兴实业"的主要方式。这时美国侵略者也正在积极活动，所以张謇在1914年1月13日以全国水利局总裁的身份，首先和美国红十字会签订导淮借款 2000 万美元。借款条件是：以导淮区域全部官地和疏浚后受益田地的收益、放垦田地的收入以及当地运河航行的各项税收作为担保。显然，美国侵略者是打着慈善团体的招牌，企图逐步控制淮河流域，把这个地区作为自己的"势力范围"。这里还应该说明一下，在美国红十字会背后实际承担借款的，却是李希金逊公司、保安信托公司以及卫脱公司等大资本集团。

不久，在张謇的主持下，北京政府又和美孚石油公司订立了 3500 万美元的借款合同，规定组织中美实业公司，开采陕西省延长油矿和热河省建昌油矿。此事当然触犯当地绅商的利益和自尊心。据说陕西官民曾集资百万，组织保陕公司，以谋抵拒。民国三年（1914）3月16日出版的《京华报》报道："直陕等五省人士尤为焦争（急），最初组织五省联合会，迭次开会，推举孙（孙武）、汤（汤化龙）、梁诸君代表与政府交涉，嗣又改名实业借款研究会。"但张謇力排众议，态度非常坚决，断然对五省代表说："合同已签字，无从商量。"

历史仿佛是清末收回利权运动的重演，但情况毕竟已有新的变化。油矿开采权的争执，其中固然有中外民族矛盾存在，但增添了江浙资产阶级与北方资产阶级之间的矛盾。《京华报》为袁系报纸，反映北洋资本集团利益，所以对张謇攻击最多。实际上张謇对引进外资可能损害民族权益问题始终是极为注意的，他在上任伊始谆谆告诫："加以自今而后，经济潮流，横溢大地，中外合资营业之事，必日益增多。我无法律为之防，其危险将视无可得资为尤甚，故农林工商部第一计划即在立法。"（《实业政见宣言书》）张謇的看法是，根据当代经济发展趋势，引进外国资本与引进外国科技同样为发展本国经济所必需，至于如何维护民族主权与利益，关键在于独立自主而又完善健全的经济立法。这是他的认识水平高于一般只知拒外自守的地方士绅之处。

在导淮和石油两项借款合同订立以后，张謇的兴味更浓。他进一步展开多方面的联美活动，渴望实现四年以前中美合办银行、航业的庞大计划，并且特地为此组织了游美实业报聘团，以参加旧金山博览会为名，专门从事联络美国资本家。大生资本集团原来与外国资本很少直接联系，现在也表现出明显的靠拢美国垄断资本的倾向。

1914年夏天，张謇接受了美国"万国大学联合会"的乙级会员证书，并且与该会会长罗杰等协商，准备筹拨"美还赔款"（即庚子赔款）在南通"设立高等师范及机械工科、农事场等"。此外，他还请求袁世凯批准美国东益公司在东三省"代垦",理由是:"中国人能为地主而资力不足,外国人有资力,又有技术,而不能为地主,非合并而利用之,无以收化荒成熟之效。"张謇在引进外资开发国土资源方面表现出远见卓识与宏伟气魄,但他的主张的致命弱点却是缺少一个真正能够维护民族主权的国家政府作为后盾。

在此前后,张謇还积极参加了筹设中法劝业银行的活动。原来早在民国二年(1913)1月18日袁世凯政府即已约定与法国财团合设中法实业银行,并且讲明这个银行的管理权完全由法国财团掌握。到了这年10月15日,中法实业银行首先和袁世凯政府签订1.5亿法郎的"中法实业借款",并且取得对于浦口建设商埠和北京市政工程的控制权。此后这家银行又和袁世凯政府签订了6亿法郎的钦渝铁路借款,企图实现从广州湾,经过广西、云南,一直伸入到四川的庞大侵略计划。张謇出任农商总长之后,法国财团代表卜夏、萨科孟等又来劝说他再签订一个中法劝业银行合同。中法劝业地产银行于1914年10月9日经农商部批准成立,其性质应当与上述房地产贷款公司相近,都是企图从资金上加强对中国工商业的控制并逐步扩大对中国地产的侵占。

张謇这种寻求外国资金援助的积极性,在客观上适应了美、法等帝国主义加强侵略中国的扩张要求。不过由于欧战迅速爆发,美、法帝国主义暂无力而且也不愿贸然向中国作大规模投资,因为他们都没有控制中国局势的充分把握。同时,中国社会舆论的强烈抗议,和日、英帝国主义的极力阻挠,也使上述各项合同大多未能实际履行。

四、最后的决裂

张謇刚刚入阁时,曾与"第一流内阁"其他成员一样,对袁世凯政权寄予厚望。但是，他们很快就发觉，情况并非他们所想象的那样美妙。

张謇到任不久，就恭逢袁世凯解散国会之举。袁世凯由于已经"当选"为正式大总统，并且得到列强相继承认，便觉得国会不再有多大用处，而且反来成为推行独裁专制的障碍物了。因此，他在民国二年（1913）11月4日断然下令解散国民党，并且追缴国会中国民党议员的证书，使国会由于达不到法定人数而从此不能开会，实际上就是打算尽快解散国会。

进步党对国会的态度在此前后有很大的变化。当国民党在国会占据多数，极力利用国会限制袁世凯的权力膨胀，并且企图建立自己的责任内阁时，进步党的报刊拼命攻击国会，指责国民党议员实行"暴民专政"云云。可是，在"二次革命"期间，国民党议员内部严重分化，许多人被袁世凯收买；进步党实际上已能左右国会，所以他们又转而以国会的维护者姿态出现，希望通过国会来扩大自身的政治势力。当然，其中也不乏真正信仰民主共和的有识之士，在艰难的情况下向袁世凯的专制独裁进行温和而又迂回的斗争。

11月4日，进步党人知道袁世凯下令取消国民党"从乱"议员170余人资格，立即感到很大的忧虑。当天晚上和第二天晚上，梁启超都焦急地与张謇商议如何保存国会。11月7日，张謇与梁启超一起去谒见袁世凯，提出"维持国会"建议，即请总统府电令各省立即送候补议员入京，以便国会补足开会法定人数。

可是，袁世凯权势欲日益膨胀，他不仅要防止进步党分取政权，而且还要彻底铲除辛亥革命留下的共和政体。民国三年（1914）1月10日，袁世凯利用北洋将领和各省都督的武力威胁与发表强硬声明，正式下令解散国会。时隔未久，又进一步下令停止地方议会。梁启超等人从清末以来追求了近20年的议会制度，在袁世凯一纸命令下就这样被轻易破坏了，这不能不使他们逐渐产生怨恨之情。而更令这些名流感到难堪的，则是这几项最后旨在消除议会制度的命令都曾经由内阁总理熊希龄副署。

尽管进步党人仍然委曲求全，袁世凯已经不再愿意保留"第一流人才内阁"，他决心把全部权力集中到自己手里。他在利用熊希龄的副署解散了国会以后，便授意以梁士诒为首的交通系在财政上困逼这个内阁，又指使湖南、安徽都督对熊希龄肆意点名攻击。在极为难堪的情势下，熊希龄被迫于2月10日呈请辞去内阁总理职务。梁启超等知道袁世凯独裁野心已经无可遏制，便相继联袂辞职。

袁世凯在批准熊希龄辞职的同一天（2月12日），曾派杨士琦询问张謇是否与总理"同进退"。张謇当即明确答复："就职之日，即当众宣布，余本无仕宦之志，此来不为总理，不为总统，为自己志愿。志愿为何？即欲本平昔所读之书，与向来究讨之事，试效于政事。志愿能达则达，不能达即止，不因人也。"应该认为，这番话是真诚的，张謇不是政客，更不是官迷，他一心一意只想发展实业、教育。就任农商总长还不过数月，如果不作任何革新的努力即撒手归去，那是不符合张謇志趣的。

当然，如果说张謇对袁世凯称帝野心毫无觉察，那是不符合事实。2月17日，就是杨士琦前来探询的五天以后，张謇曾写信劝告袁世凯，说是"解散国会、改总统制、祀天用衮冕"等已经在国内外广泛引起"帝制复活"的流言；而"近日宁、沪乱谣之多，京、津车栈之暗杀，白狼之糜烂光州数县"，又表明了"内患"极可忧虑。他借用苏东坡的话来讽喻袁世凯："操网而临渊，自命为不取鱼，不如释网而人自明也。"就是劝说袁世凯不要酝酿恢复帝制，以免成为革命党人从事舆论攻击以至武力反抗的口实。张謇固然早已承认民主共和是不可阻挡的时代潮流，但更重要的是他误将袁世凯当成唯一能够维持政局稳定的中心人物，因此唯恐他将因为轻举妄动的政治冒险而丧失统治地位。

头脑已经发热的袁世凯自然不会按照资产阶级上层人物的意愿办事，

他首先考虑的并不是如何维持资产阶级所需要的市场稳定，而是如何满足自己称帝的狂妄野心。从这年5月1日开始，他撤销国务院，改在总统府内设政事堂；首先从一系列官制变更上恢复清朝体制，帝制阴谋已经日益暴露。张謇不愿与袁世凯共同承担恢复帝制的责任和风险，因此于这年10月以"勘视淮灾"为名再次请假南下，而到11月更正式请求辞职。不过没有得到袁世凯的批准。

民国四年（1915）春天，袁世凯急于实现帝制，不惜与日本就"二十一条"进行最无耻的政治交易，企图以出卖民族利权来换取日本帝国主义对恢复帝制的支持。张謇一贯亲美仇日，从此更加深了与袁世凯之间的政见分歧。3月3日，张謇再次具呈请假。袁世凯可能是感到张謇对他的"联日"外交有些碍手碍脚，不仅立即准了假，而且还派亲日派周自齐署理农商总长。及至张謇南下以后，袁世凯更正式批准张謇辞去农商总长职务，这表明他们两人在政治上已经明显疏远。

6月6日，张謇曾给总统府机要秘书张一麐写信，表明对于中日交涉的关注，实际上也就是对于袁世凯的规劝。信中说："顷见报载中日交涉已启，南满将如香港，为永远租界。中外土地利害关系，辟为公共市场，利多害少；永远租界，则利少害多。今所定者，不知何属？究以永远租界论，又不知所指区域四至何在？租期又是几年？……遥度现势，似北满受逼之形尚不在近，然亦须有扎硬寨打死仗之决心。且非用社会名义不可，而又非得政府毅力主持一切为之后盾不可，非仅不掣肘所能济事也。"这封信虽然主要是表达了南方资产阶级抵制外来侵略与加速自行开发东三省的意愿，但已经明确提出对日交涉需采取"扎硬寨打死仗"的强硬方针，因此自然没有可能被醉心帝制的袁世凯接受。

同年7月中旬，张謇因为还没有辞掉全国水利局总裁职务，所以曾经一度重来北京。这时，袁世凯的帝制阴谋更加公开化，北京城闹得乌烟瘴气，

1914年9月28日张謇穿祭服参加袁世
凯在北京孔庙大祀礼时的留影

刘师培等甚至想把张謇拉进筹安会为袁世凯帝制丑剧捧场。在政海波涛中饱经沧桑的张謇，敏感地意识到一场新的反袁风暴已经无可避免，断然拒绝与"六君子"一起跳火坑。8月14日，筹安会正式公布发起宣言。两天以后张謇再次请假，南下以后又正式辞去全国水利局总裁以及参政职务，完全摆脱与袁世凯政府之间的关系。此后，他决心暂时跳出帝制与反帝制斗争的旋涡，在经营村落主义的同时，密切注视着变幻诡谲的政治局势。

同年12月20日，袁世凯传统权势欲发展到顶点，悍然不顾舆论反对而正式表示承受帝位。他自以为既然已经用武力统一了全国，而且又集中了全部军政大权，当皇帝大概是万无一失。可是却没有想到，历史的车轮毕竟不可逆转，人民的意志也不可违背。袁世凯一坐上龙椅，就把自己置于人民的火山口，而且吓走了原来曾经拥护过他的资产阶级上层人物，甚至在北洋军阀内部也造成了严重离心离德局面。袁世凯自己最后孤立了自己，重复着清王朝走向毁灭的老路，他曾经利用北洋武装强大无敌的神话欺骗了各种各样的政治力量，为自己赢得如日中天般的最高权势地位；现在这个神话却反转来欺骗了自己，他的命运终于和这个荒诞的神话一起破灭。

民国五年（1916）上半年讨伐袁世凯的护国战争期间，张謇没有像梁启超等人那样积极控制反袁斗争的领导权，却只退缩通海一隅尽力保全自己的企业系统。虽然他和赵凤昌等曾经再度联络黄兴，希望他早日回国协同"调和南北"，也曾经劝说冯国璋在南京成立中央政府，抛弃袁世凯以换取全国"统一"和"秩序"的恢复，但是都没有取得实际效果。张謇已经很难像辛亥革命时期那样影响时局。剩下来的只有一个主要期望，就是：袁世凯早点下台，讨袁战争早点结束，国内局势早点稳定。

袁世凯在败亡前夕，还曾通过徐世昌再一次邀请张謇北上，想利用他的声望为自己作尽可能的转圜。张謇这次表现得倒比较坚决，他答复说："比闻桂继滇、黔起，……目前则粤继之，浙又继之矣"，"武力与调和皆不易解决"。因此谢绝北上并且劝袁世凯"急流勇退"，以平民愤而使战争早日结束。（《劝告袁氏退休致徐菊人书》）同时，他还公开向袁世凯、冯国璋及其他各省当权人物发出同一内容电文，特别强调"列强干涉"的威胁极大，要求袁世凯立即下台。结论是："民国既已明白回复，则据约法自有代理人之可属（指应由黎元洪接任大总统）。……若再迁延，必更祸己祸国，尚何言哉！"以前，袁世凯曾以清王朝当牺牲品换取南北的妥协，现在同样的命运也落在他自己头上，历史就是这样无情！

袁世凯虽然拖延不肯辞职，但他的病亡却消除了护国战争直接反对的目标。南北军阀于是迅速谋求妥协，中央政权主要落在段祺瑞一派手中，以梁启超为首的一批进步党连忙靠拢皖系军阀，而以孙中山为代表的革命民主派再一次受到排挤和叛卖。段祺瑞曾经一再敦请张謇北上，但是他都断然拒绝了，回信说："下走老矣，饱尝世变，实不愿再涉政界。"

得到袁世凯病死消息的那天晚上，张謇感慨万分地在日记上写道："三十年更事之才，三千年未有之会，可以成第一流人，而卒败于群小之手，谓天之训迪吾民乎？抑人之自为而已。"他对当时中国历史发展和袁世凯失败原因的认识都不尽切合实际，但这却很能说明他原来对袁世凯的期望是何等殷切。袁世凯死了，他那通过中央政权推动民族资本主义全面发展的幻梦也就最后破灭。此后，军阀统治从表面的统一变成公开的分裂，南北混战不已，张謇只能退而期求在地方军阀庇护下发展自己的企业系统，但是就连这样有限的愿望也没有可能得到实现。

从全国范围来说，张謇终于退出政治舞台了。不过当时欧战正紧，中国仍然处于帝国主义侵略稍为缓和的间隙，大生企业系统的迅速扩大与源源而来的巨额利润，暂时又弥补了他在政治上的失望。

第五章

既死愁不休

第一节 大生集团的兴衰

一、鼎盛春秋

从民国元年（1912）到民国十年（1921），整整 10 年，大生企业系统获得空前发展。

民国六年（1917）大生纺织公司 20 周年纪念会上，张謇不无得意地向股东报告："若营业之赢利，则自己亥（1899 年）开车至去年年终，股东得正息一百六十七万七千余两，得余利二百七十三万三千余两，两共四百三十九万余两。以年份计，自以本届六十六万余两为最。然第七、八届时，亦有赢至四十万零与四十八万零者，其时只四万锭，股本只一百十三万两耳。今则加锭至六万六百，益以布机四百架，增股至二百万两，锭视前加半，股视前加倍。"（《大生纺织公司二十年纪念会开会词》）

和国内一般民族轻工业情况大体近似，大生系统发展最快的时期是 1918 年到 1921 这四年。截至 1921 年，大生一厂的资本增加到 250 万两，历年纯利总额累增到 11608499 两；大生二厂的资本增加到 1194390 两，历年纯利总额累增到 5011674 两；两厂合计，资本共为 3694390 两，历年纯利累增总额共为 16620173 两。应该说明一下，在这 1600 多万两历年纯利总额中，有三分之二以上都是在欧战期间获得的，而在民国八年（1919）年，一、二两厂的纯利竟分别占资本的 106.08% 和 113.02%。这样优厚的利润，在旧中国民族工业发展的历史上不仅是空前，而且也可以说是绝后。

源源而来的大量利润，激起了张謇等人扩张实业的热情。民国三年

淮海实业银行前合影，张謇（前排左一），张詧（前排右一），张孝若（前排左二）。

（1914）张謇出任农商总长以后，就在海门常乐镇南开始创建大生三厂，并且还拟订了建立四厂于四杨坝、五厂于天生港、六厂于东台、七厂于如皋、八厂于南通江家桥、九厂于吴淞（以后又名大生淞厂）的庞大计划。六厂于民国八年（1919）开始筹建，但不久流产。八厂则于1920年开始筹建。到1924年，大生一、二、三、八四个厂，资本总额共达770余万两，纱锭共15万枚，布机共1500余台，实力已经相当可观。

张謇等主要依靠调拨大生一、二两厂的资金，围绕纺织工业这个中心，又相应扩充了其他一些实业。他们在原来通海实业公司10几个企业单位的基础上，特别着重兴办和扩充金融业及交通运输业。为了适应大生企业扩充的资金需要，他们从1918年起开始筹办淮海银行。此行于1919年11月正式开幕，资本总额号称500万元，但实收不足100万元，而行长就是张謇的独生子孝若。为了适应大生公司的运输需要，他们又陆续筹建大达轮船公司、大储栈等好几个单位。其中以大达公司最有成绩，先后自置江轮七艘，代管大储栈驳轮二艘及广祥轮船一艘，通行沪扬、沪海两条航线。

此外，张謇等人还创办（或协助创办）了大昌纸厂、通燧火柴厂，以及许多服务性的企业单位，如有斐馆、桃之华、南通俱乐部等旅馆、浴室、饭店联合企业，遂生堂、延生堂等药店，沁生冰房、南通绣织局、天生港大包结绳厂、大达公碾米厂、通成纸厂、玻璃制品工厂等等。

盐垦企业系统也有很大发展。由于通海垦牧公司在1910年以后垦成熟地增多，同时又由于大生各厂对于棉花的需要量日益扩大，所以张謇等从1913年开始又掀起一个兴办盐垦公司的热潮。到1920年为止，先后成立了大有晋、大豫、大赉、中孚、遂济、通遂、大丰、大祐、通兴、大纲、阜余、合德、华成、新南、新通等公司，于是南到长江口附近的吕四场，北到海州以南的陈家港，包括南通、如皋、东台、盐城、阜宁、涟水等县，在滨连黄海200余英里沿岸的冲积平原上，都成为盐垦公司活动的广阔舞台。这些公司已投资本总额共达2119万元，所占土地面积共有455万亩，已垦土地面积也有70万亩之多。

民国九年（1920）前后，张謇的经济事业可以说是进入鼎盛时期。据日本驹井德三调查，当时张謇身兼南通实业、纺织、盐垦总管理处总理、大生第一、二纺织公司董事长，通海、新南、华成、新通等盐垦公司董事长，大达轮船公司总理，南通电厂筹备主任，淮海银行董事长，交通银行总理，中国银行董事，南通电厂筹备主任，大生第三纺织公司董事长等等职务。

张謇当时不仅对吴淞开埠寄予很大期望，想使它"与世界名埠之先进者争辉誉于地上"；同时还想通过美国前任驻华公使芮恩斯，重温中美合办银行及太平洋航业的旧梦。向美国寻求资金援助虽然没有结果，张謇却又经过梁启超的说合，一度打算与比利时政府合资筹办中比航业贸易公司，开辟中国往来西贡、新加坡、法国、比利时、德国各大商埠之间的海洋航线，然后再向其他各种企业大量投资。这个企业方案的规模很大，预计：

1920 年，张謇与黄炎培等人发起成立江苏自治组织"苏社"，成立大会在南通召开。因为张謇（后排右三）与苏社成员在南通博物苑游览时在中馆前合影。

"航业公司股本定为一万万法郎，比国占五十五份，计五千五百万法郎；中国占四十五份，计四千五百万法郎。贸易公司股本定为一千万法郎，中比各半入股，计中国方面占五百万法郎，合计中国应任股资五千万法郎。"当时中国民族工商业还比较景气，所以江浙大资本家对于这个方案兴味很浓。经过有关方面的共同讨论，徐新六代表张嘉璈的中国银行系统，答应承担 70 万至 100 万两，张謇答应承担 20 万两，徐静仁、陈光甫、吴寄尘、刘厚生（垣）等各自负责募集 20 万两，还剩下无人承担的七八十万两，由张謇专断决定以大生一、二、三厂上年积存余利全部拨充。在这年 5 月底，刘厚生已经通知梁启超，说是即将在南通召开华股创办人谈话会，却不料这件事在比利时方面根本没有落实，而梁启超又不肯承担任何实际责任，以致张謇等人空忙了一阵。

尽管发展海外航运、贸易的计划落空了，但这几年毕竟是张謇企业活动登峰造极的时期。

二、好景不长

正如整个先天不足的中国民族近代工业一样，大生资本集团在欧战爆发后的暂时繁荣，缺少真正可靠的巩固的社会基础，因此，就在各项企业迅速发展的过程中，已经孕育和滋长着失败的契机。还是在1920年那样的鼎盛时期，张謇曾经告诫部属："营业之道，先求稳固，能稳固即不致失败，即失败亦有边际，企业者不可不知也。大凡失败必在轰轰烈烈之时……"（《告诫实业同人书》）这竟仿佛是一个不祥的预言，而促使大生系统失败得没有"边际"的又正是张謇自己。

因为急于建立一个比较完整的企业体系作为加强地方自治的经济基础，同时也由于这几年大生纱厂营业的特别得心应手冲昏了他的头脑，张謇失去了自己惯常强调的冷静与稳健。为了迫不及待地向新企业投资，他任意调拨大生一、二两厂的余利甚至公积金。例如创办大生三厂时，即曾从大生一、二两厂调拨公积金各20万两。大生八厂创办之后资金极端短绌，大生一厂由于曾经为它担保借债，竟不得不勉强抽拨80万两巨款作为"收并"资金。在淮海银行最初的资金中，大生一、二两厂余利占70万两。为了创办中比航业贸易公司，又一次截留了大生一、二两厂的余利72万两。大达轮船公司开办费100万元，完全由大生驻沪账房代为筹垫。至于张謇系统的十几个盐垦公司，资金周转也主要依靠大生纱厂调拨或代为在外挪借，所以前后拖欠大生的债务达到130多万两。这种盲目的东扯西拉式的经营和发展企业的做法，不仅严重地抽空了大生一、二两厂的资金储备，而且还造成整个大生资本集团的恶性信用膨胀，从而最后成为金融资本重利盘剥和严重侵蚀的牺牲品。在这样外强中干的局面下，一旦金融收缩或者营业本身遭到意外挫折，大生企业系统便要立刻发生无可挽救的全

张謇与家人合影。左起佑祖、柔武、吴夫人、融武、张謇、陈石云、非武、襄祖、张若孝。

面的财政危机。

　　张謇在投资新企业以前并没有经过通盘的精心规划，经营的方面很广，资金又很不充足，所以基建工程进展极为缓慢，往往因此失去赢利时机。在这种情况下，建成一个新厂往往等于多背一个沉重包袱。例如，大生三厂早在 1914 年就开始动工，可是由于资金不足，拖拖拉拉直到 1921 年秋天才算勉强正式开车；而此后民族纺织工业的"黄金时代"已经迅速消逝了，所以大生三厂刚刚开工就亏蚀不堪。大生六厂虽然早在计划之列，但迟到 1919 年才开始动工。由于资金严重缺乏和外汇暴涨，不仅厂未建成，就连已经筹集的 60 万两也蚀去一大半。大生八厂更是迟到 1920 年才动工，在建厂期间即已负债累累；1924 年建成后，大生一厂本来还想加以"收并"，后来由于自顾不暇，只得出租给永丰公司经营。至于盐垦系统的十几个公司，则是愈来愈蜕化成为纯粹的土地投机集团性质，既缺乏起码的资金准备，又不能认真从事水利建设工程，以致土地收益既迟又少，历年负债总额极为庞大。张謇自己虽然辩解说是垦牧系统只拖累大生纱厂 120 多万元，但实际上却远远不止此数。所以，垦牧系统竟从原料基地变成大生资本集团最为沉重的包袱，一旦遇到风潮大灾，各盐垦公司的严重损失，又必然要转嫁到基础已经极为脆弱的大生纱厂身上。

同时，张謇等人由于一向满足于大生纱厂在通海地区的独占地位，而且主要又是依靠压低工价和花价来降低成本，所以对于设备更新和改进技术不够注意。加以多数股东所奉行的是"有利尽分"的短见原则，不愿保留"折旧"等项必要的资金积累，使大生纱厂已经深感不足的资金更加陷于短绌，自然也就没有足够力量实现机器设备的更新。所以大生纱厂的技术、设备一般都比较陈旧落后。一厂的设备情况前面已有介绍。二厂也是接收山西商务局在义和团运动时期遗留在塘沽码头的一批破烂机器。三、六、八厂虽然分别订购了一批比较新式的机器，可是生不逢辰，还没有来得及为自己的主人发财致富，就已经堕入出租、夭折或抵押的厄运。大生纱厂技术设备的落后，使它更加缺乏足够力量抵敌帝国主义侵略的新狂潮。

　　正是由于上述各种原因，加以欧战以后帝国主义重新加强了对华侵略，大生企业系统的内部危机终于在民国十一年（1922）以后总爆发了。

　　在民国十年（1921），张謇还兴高采烈地积极筹备在明年举办南通地方自治第25年报告会，借以隆重庆祝他自己的七十大寿。7月1日成立了报告会的筹备处，并且正式报请北京政府备案，打算邀请"各省、各县、各公司"以至英、美、德、法、日、荷、奥各国，选送"农、工、林、矿、商、运物品材料"到南通来陈列展览。他满心指望乘此大大显示一下南通地方自治的成绩，使"各县、各省、各国、各世界之人士，因南通有此创举，闻声麋至"，从而进一步扩大南通在国内外的影响。可是就在一切"规划略备"，正拟兴工建设展览、会议和外地来宾休息等等场所的时候，突然来了一场台风暴雨大灾。以后又是连续四天"疾风盛雨"，正巧又碰上秋潮大汛汹涌而来，于是通海一带外江内河同时泛滥成灾，所造成的各方面损失极为严重。在地方自治各项事业当中，水利本来是张謇最得意的大手笔之一，可是老天爷偏偏在这个节骨眼上捅个大娄子。张謇不得不叹息说："此非常之灾不能御，宁得谓自治，宁堪报告？"

不过张謇没有向困难屈服，他决定把报告会推迟到民国十六年（1927）举行，作为庆祝南通地方自治30周年。张謇幻想在此后五年中间或许能够时来运转，争取使自己的各项企业获得更大的繁荣。可是，他却没有想到，既然外强中干的大生企业系统连一场局部性的短暂自然灾害都经受不住，又怎么能够抵御得住帝国主义侵略狂潮更为严重的袭击呢？

即以纺织工业为例：外商在中国设立的纱厂纺锭总数在1921年有631466枚，到1922年增加到879674枚，而到1924年更增加到1183244枚。其中以在华日商纱厂发展最快，如果以1913年的日商纱锭、布机总数作为基数（100），那么到1922年其纱锭总数即增加到542.31，布机总数增加到447.79。外国纱厂一般技术设备比较先进，而且又享有各种优惠特权，因此绝非基础薄弱的华商纱厂所能对抗，于是洋纱空前泛滥于中国市场，华厂产品的销路立刻大为缩减。同时，外国垄断资本更乘机设法控制以至并吞中国纱厂。据初步统计，从1917年到1927年，在这10年之中曾经向英、美、日（主要是日本）财团借过大批款项的共有15个中国纱厂，其中就有4个厂最后被外国资本家收买，接管或出卖。此外，帝国主义还逐步加强控制中国的棉花生产、原料供销以至纱、布的运输和销售，简直把中国民族近代纺织工业逼得无路可走。

在帝国主义支持和怂恿下的军阀混战，也给民族近代工业带来无穷无尽的灾难。从1920年到1922年，三年之间连续发生规模较大的直皖战争、粤桂战争和奉直战争，战祸遍及两湖、河北、两广。四川、陕西等省，人民生命财产损失极为惨重。而为了筹措军费和搜刮自肥，北京和各地军阀又横征暴敛，勒索无已；仅北洋政府发行内债一项，从1912年到1926年即共达6亿元以上，而战区无限制的摊粮派款，更残酷到敲骨吸髓的地步。军阀的虐民暴政加上连年灾荒不断，使得整个国民经济陷于凋敝残破。军阀何尝能够为张謇提供他所需要的和平、统一与秩序，就是他那似乎名噪一时的地方自治，也在军阀混战的威胁和冲击下摇摇欲坠。因此，张謇不能不悲叹："欧战告终，内战不已，川、陕、湘、鄂之民，堕于兵戈蹂躏之中极矣！……天灾洊水旱矣，犹煎以人祸；商市涸金融矣，犹挤及贫农。"（《为江浙和平通电》）通海地区的企业王国，正是在这样兵荒马乱、哀鸿遍野的情况下走向最后崩溃。

民国十一年（1922），大生纱厂因为赔累不堪，不得不把厂基作价 70 万两抵押给永聚银团，并且聘请永聚大股东费善本作为该厂经理，这是大生企业系统濒于全面崩溃的第一个信号。大生六厂在筹建过程中由于资金不够而夭折。大生八厂本来已经请求一厂给以合并，但一厂本身正陷于债丛，岂有力量解除八厂的困难，因此只有忍痛把它出租给永丰公司经营。

大生企业系统的两根台柱——一厂和二厂，在 1922 年情况都非常不妙。在这一年，一厂结亏为 39 万多两，二厂结亏为 31 万多两。也是在这一年，一厂负债总额达到 12428720 两，而其中"借入款"一项竟达 7097950 两；二厂负债总额为 3520004 两，其中"借入款"一项也占 1255837 两。这些大额借款主要并非用于大生一、二两厂本身生产经营的需要，绝大部分都是作为支付盐垦系统拖欠和"地方事业"垫款之用。还有，在大生一、二两厂 1922 年的资产负债表中，所谓"借出款"一项竟分别达到 4731328 两和 1255837 两，这表明任意抽调挪用资金的严重现象仍然有增无已。

"地方事业"垫款大多用于非生产性开支，自然很难指望在短期内归还。就是一时曾经被看作财源利薮的盐垦事业，由于资金短绌，投机性大，水利问题没有完全解决，再加上风潮大灾，多数赔累不堪，而转嫁到大生一、二两厂账册上的"盐垦拖欠"一项，也就永无还清之日。例如，大有晋公司在 1921 年碰到大水灾，已经收获的棉花被冲得一干二净。大丰公司在 1922 年播种面积达 15 万亩之多，可是秋季碰上一场台风暴雨，结果也是丝毫未收。新南、新通等公司成立不久就倒闭了。仅仅大豫、大赍、

张孝若 1924 年所摄照片

大丰三家公司的负债总额，到 1922 年就多达 2548310 元。其他一些盐垦公司情况也相类似。

自此以后，大生资本集团只有到处求援借债，以求苟延残喘。1922 年向银钱业抵押借款已达 397 万两之多，可是仍然如同杯水车薪，无济于事。债务逼集，责难纷至。张謇在穷途末路上只有把"得救"的希望寄托于"利用外资"。他认为要想复兴纺织和盐垦两大企业系统，十年之内需要动用三四千万元的巨额经费，国内资本家既然没有能力提供资金，那就"不得不出于借外债"。正是在如此困窘不堪的填况下，张謇碰到日本人驹井德三。

1922 年从 4 月 27 日到 5 月中旬，张謇连续有二十几天参加各个纺织、盐垦公司的董事会，由于企业经营失败惨重，到处包围着他的是一片责难和争吵的声音。大约在八月间，他委托裕华盐垦公司经理陈仪、大有晋盐垦公司经理章亮元、大生纱厂高级职员张同寿前往日本，正式向日本资本家涩泽等提出大借款的请求。日本资本家对此很感兴趣，立即派驹井德三到南通来调查并且直接与张謇接洽。驹井于 11 月 23 日到达南通，12 月 10 日才回到上海，在这 17 天里受到张謇极为优渥的款待。驹井除先后到唐家闸工业区和华成、大丰垦区调查参观以外，大部分时间都是与张謇商谈大借款问题。

不过，由于张謇长期以日本作为竞争的对手，日本方面对于贷款问题的态度相当持重。尽管驹井德三已经作了周密的调查，贷款拖延了两年之久还不能正式成立。张謇走投无路，于是又“舍近求远”，转而再一次求助于他历来抱有好感的美国资本家。民国十二年（1923）秋天，直系控制的北京政府为了笼络张謇，以实业专使名义派张孝若到欧美考察，当时张謇已经产生向福特、大赉等资本集团借款的念头。正巧这时美国有些资本家也在酝酿组织一个“中国企业公司”，准备在中国设立绸布、玻璃、陶器、汽车等制造公司，并且还打算在中国2000个城市遍设电影院。这个企业的母公司的理事，美国方面预定由前英美烟草公司的特马斯等五人担任，中国方面预定由周自齐、王正廷、张謇等八人担任。张孝若不迟不早正在这个时候到美国考察，可能与美国资本家的这种积极姿态有关。

张謇在民国十三年（1924）年初，连续写信对出使在外的儿子说：“上海银根本紧，又有兵事风声（指江浙战争将起），益觉惊慌，是非唯一注意输入外资不可；除日外，止有美。”又说：“以欧洲战后情形测之，恐无力及外。最后唯冀美国，美国以福德（即福特）为第一，大赉次之，此须有说入之机会矣。以垦业论，不得大宗助力，终是跼蹐。”可是，尽管张孝若远涉重洋，到处奔走游说，向美国大借款的计划也没有能够得到实现。

大生资本集团的情况愈来愈恶化。到1925年，仅大生一厂的债务已经高达9069000两以上，为资本总额的258.89%。金融资本终于征服工业资本，大生资本集团只有向雄心勃勃的新兴江浙财团全面屈服。这年7月，由上海方面的中国、交通、金城、上海四行和永丰、永聚钱庄组成债权人团，全部接办了大生各厂。此后，大生纱厂原来的董事会和张謇董事长的名义虽然还存在，但是各个企业的经营实权都控制在江浙财团所派来的代理人手中，而张家的老班底则大多在"厂务改革"的名义下被排挤出去了。不幸的是，江浙财团也未能使老旧残破的大生纱厂恢复青春活力，在世界资本主义经济危机的影响和日本纱厂的加强排挤下，大生纱厂越来越陷于困难，而不久便落入四大家族的官僚资本手中。

第二节　艰难的晚年

一、在夹缝中奋斗

张謇的晚年，是在军阀混战的痛苦岁月中度过的。

在他最后的一批诗作中，有一首长诗是这些年他的境遇与心情的生动写照，其结尾是：

"幸哉一隅地，假息得苟全。太平在何时？今年待明年。呜呼覆巢之下无完卵，野老洒泪江风前。"

张謇痛恶军阀混战，然而为了通海一隅之地的苟全，却又不得不与各派军阀联络周旋。在他看来，发展实业、教育需要和平、秩序，而和平、秩序有赖于各级政权的维持。因此，他总是尽一切可能寻求各级政权的庇护与支持。民国五年（1916）袁世凯病死以后，各派军阀之中暂时还没有任何一个集团能够以武力统一全国。中国已经再一次失去自己的政治重心，军阀混战就是这一政治态势的体现。以张謇为代表的东南地区上层绅商，已经不再幻想贤良的中央政府的出现，而只是企望通过联络个别军阀头子以保持局部地区的安宁。

张謇在自己生命的最后十年中，煞费苦心地应酬周旋于相互对立争战的各派军阀之间。民国八年（1919）以后，他曾经先后担任过皖系政府的扬州运河督办、直系政府的吴淞商埠督办、扬子江水道委员会副委员长之类无足轻重的闲职，并且让儿子孝若先后出任过直系政府的出国考察实业专使与驻智利公使（未到任）。同时，他又同意把华成、裕华两个盐垦公司的经理朱庆澜、陈仪，调到奉系军阀那里分别担任北满对俄军司令和高级幕僚，以后朱庆澜还曾就任哈尔滨特区行政长官兼中东铁路护路总司令等要职。民国十一年（1922），张謇命张孝若以答谢各界人士为他庆祝七十大寿名义，先后到洛阳、奉天访问吴佩孚与张作霖。这些活动的意图，已经被驹井德三一语道破："此张謇所巧于回避奉直战争之责任也。"换句话说，就是同时敷衍激烈对抗的两大军阀集团以图委曲求全；这并不表明张謇有什么过人机智，倒正反映了他的处境特别艰难。

民国十三年（1924），直系军阀在第二次奉直战争中遭致惨败，连一向盘踞江苏并与张謇关系较深的齐燮元也"下野"了，这就使张謇更加感到无所凭借。次年（1925），孙传芳就任五省联军总司令，迅速把势力扩张到江苏各地。于是，张謇又不得不加强与孙传芳的联络，如写信祝贺"大捷"，请求维持治安并提倡丝、茶业等。这年冬天，孙传芳为了笼络与利用江苏上层绅商，特地乘专轮到南通访问。张謇只能表示热烈欢迎，当天南通报纸全部改用红色并且增发号外，更俗剧场也特地在戏单上加印欢迎孙传芳的字样。据说，在张謇父子举办的欢迎宴会上，还有一道别出心裁的"华盛顿汤"，借以表示对于"孙联帅"的良好祝愿。直到病逝以前，张謇还让孝若出任直、奉两系联合控制的"摄政内阁"的扬子江水道委员会委员长。张謇就是这样艰难地在军阀重重矛盾的夹缝中求得苟安。

所谓苟安主要是指维护企业体系的存在，绝不能认为张謇就安于那样混乱、腐败的政治局面。实际上他的内心对现实非常不满。在民国十年

（1921），他曾向友人倾吐自己的愤懑："仆恶议会之龌龊久矣，此孽自项城造之，而致项城之造此孽者又有人在。其故皆由于浮慕欧风，一若议会之有政党，政党之用金钱魔力，彼固有之。不知施于我国曾无一致常识之人士，乃适得其弊。予金钱者，窃国而不止侯；受金钱者，窃钩而不胜诛。风掀雷颠，波谲云诡。凿混沌之顽窍，荡廉耻为灰尘，愈演愈奇，至有今日。仆之不能远引沈溟者，一以生平村落主义尚未贯彻，一以国将不国，而子孙将为奴虏。是以有时不胜愤，则尽一度之忠告。宁不知其言之无用，顾一息尚存，良心未泯，诚有所不忍耳。……仆尝谓中国人心，非更大受惩创，不能笔洗，此岂一二人口舌之力所能挽救？"（《为省会答沪友》）

信中所提到的"忠告"，与以前他对清廷、袁世凯所进的"忠告"已有很大区别，实际上只限于是调门很低的休战呼吁。

张謇这些翻来覆去的劝和活动，从来没有取得任何积极效果，而每逢军阀战争终于大打起来以后，他又只有劝说交战双方尽量"缩短时间，缩小范围，毋滋蔓以增民仇怨"。这就是希望军阀最好不打仗，如果实在要打呢，最好打得少一些、小一些、快一些。如果有哪派军阀打败了，张謇又立刻劝他们（如段祺瑞、吴佩孚、齐燮元等）赶快下野退隐或出国游历，以免引起新的争战。张謇晚年谋求国内"和平""统一""秩序"的活动能量不过如此而已。

军阀与战争本来相依为命，劝说军阀不要打仗岂不等于与虎谋皮？所以张謇终于不能不感到完全绝望。"军阀之拥厚赀者，大名鼎鼎，少亦数百万，多至数千万，而川、陕、湘、鄂、粤人民所受焚、杀、掳、掠、勒逼、压制之痛苦，至不胜数。"（《劝京广湘鄂息内争通电》）最后，竟连江渐"一隅不净而净"之地也没有给他保留下来。

张謇直至晚年仍然不愧为一个真诚的爱国者，即使在最艰难的时刻他也没有忘记维护民族的尊严。

他对于欧战以后帝国主义新的侵华浪潮感到触目惊心，特别是对日本侵略者表现出更多的不满与警惕。所以，他在民国八年（1919）通电反对皖系政府的亲日卖国外交，大骂他们"悬'亡国奴隶'四字为帜，无南北无智愚不肖皆耻之，行见举国沸腾也"。民国十年（1921）太平洋会议召开，他虽然谢辞北京政府赴太平洋会议高等顾问的任命，却极力主张出席代表应"即将撤废'二十一条约'及收回胶济路自办，慷慨提出大会，要求各国评断"。他呼吁各派势力停息内争，捐除成见，勉趋一致，共同对外。他恳切奉劝南北各方："帜自治者，勿更树异要求各国不可必得之承认，与要求不承认太平洋会议之代表，勿更弄飞机助战增兵接厉之锋。帜统一者，勿更护惜官吏凭藉名号，因缘为奸利之窟宅，增人民之恶感，勿更以军阀为天下无敌万世可传之事业，勿更以军阀召集国会，收买政客议员，为不二之秘诀，贻人口实，毒我民生。庶几外可泯列邦乘机侮我之野心，内尚留国民一线未绝之元气。"（《劝南北息争通电》）

甚至到民国十三年（1924），尽管他正在积极谋求日、美两国给予大量贷款，但仍然公开指责巴黎和会及华盛顿会议，"其于敝国条约之根本错误，乃未因参战之谊有所救正，反将辛丑公约一一加以束缚；谓领判权可以撤消；惟待司法改良，经各国调查承认以后。谓税则止许加至十二五，亦另有待关税会议决定之条件。盖与辛丑订约以来情形丝毫无异，此国民所以根本不满于华盛顿会议之议案，而有彻底改良一凭国际公理不受议案拘束之决心也。"（《为取消不平等条约致美友书》）他要求废止不平等条约，取消租界、领事裁判权以及关税协定等等，这些都是值得赞许的。

但是，张謇所有这些呼吁与劝说，也没有取得任何积极效果。譬如，他对巴黎和会寄予满腔希望，曾代表中国各"商界团体"，以极其委婉的言词要求到会各国代表赞同取消对华不平等税则："美国威尔逊总统在感

张謇与家人在濠南别业松竹坛前合影。左起：二孙女柔武、长孙女非武、儿媳陈石云、三孙女粲武、张孝若、张謇、长孙融武、吴夫人、四孙女聪武、养子佑祖、养子襄祖。

谢日宣言云：'吾人完全之胜利，所获者不独公平。吾人深信世界行将开一新纪元，以公道驱除武力及国际间一切忌妒诡谋'云云。吾人深望切祷协约各国政府能以公道待遇中国人民，俯允吾人之请求。"结果巴黎和会暴露为完全是一次分赃会议，"公理战胜强权"依旧像一个摇曳在天空的彩色气球，美丽然而可望不可即。所以张謇在此会五年以后曾以失望的笔调向美国友人追述："上海昔年组织税法平等会，仆谬承众意推为领袖。斯时正贵国威前总统行将莅欧主持大战以后之和议。敝国国民以威前总统力持人道主义，……故有不平求助之同情。会巴黎约成，敝国且以有所迫而退出签字之列。威前总统亦未竟所怀而返。此次所欲得援助之意，遂根本无效。"（《为取消不平等条约与美友函》）

公理需要实力作为后盾，离开实力而向帝国主义列强乞求正义，正如劝说军阀停止混战一样，无非是徒费唇舌。

当时，无论在世界上，还是在中国，都存在着真正为公理而斗争的新的力量。但是很可惜，张謇对于这种实力却存在着疑惧以至对立，因而他晚年的政治活动便游离于历史主流以外。

平心而论，张謇直到晚年，他的人生态度从总体上来说仍然是积极的。他曾经叙述过自己平生的志趣："仆兄弟农家子也，祖父耻负债，生平耻随人世间一切浮荣虚誉，及流俗猥下之是非，向不以为轻重。徒以既生为人，当尽人职，本吾所学与吾所志，尺寸行之，不可行则止。世不论治乱，亦无所为厌。自投身实业以来，举所岁得，兄弟次（第）经营教育、慈善、地方自治公益事业，凡所当为者，自无至有，自塞至通，自少至多，自小至大，既任建设以谋始，复筹基本以虑终。乡党戚好，间有助者，将伯之呼，从未敢出南通一步。此区区不欲倚赖他人之心，辄欲随一事而矢诸百年以后。是以行年七十，不敢自暇逸，兄与老而务得夜行不休者等。"（《谢教育慈善募捐启》）张謇这段自白是朴实而又真诚的，他的晚年虽然迭遭颠蹶，境况艰难，然而忧国忧民之心始终未泯，兴利除弊之志未尝稍减。他就自己力所能及，仍然做了大量有益于故乡经济、文化发展，有益于中国近代化的工作。

展现在我们眼前的是一幅悲壮的图景：张謇虽然已经进入衰暮之年，但仍然迈动着稳健的步伐，在崎岖的道路上走完人生的最后旅程，身后留下一连串清晰的开拓者的足迹。

二、开拓者的足迹

早在1929年冬天，胡适曾经如此评价过：张謇在近代中国史上是一个很伟大的失败的英雄，他做了三十年开路先锋，造福于一方，影响于全国。应该认为，这个评价是符合历史实际的。

实业是张謇一生事业的主体。大生企业系统虽然在张謇生前即已破产

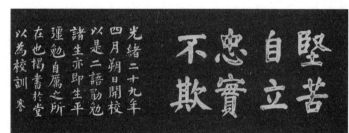

张謇题写的校训

易手，但这无非是产权的转移，他几十年辛苦经营的各种企业，毕竟为通海地区的近代化奠定了比较坚实的物质基础。

张謇是农民出身的士人，商人当中的书生。尽管后半生大部分时间用于企业活动，但他却认为与商人为伍是"捐弃所恃，舍身喂虎"。他办实业的目的是为了发展新式教育，只有在创办各级学校的活动中他才真正感到如鱼得水，志气发舒。他以武训为立志兴学的榜样，曾说："不观夫名满海内山东之武训乎！武一乞丐，幕天席地，四大皆空，是真丝毫无凭藉。然一意振兴教育，日积所乞之钱，竟能集成巨资，创立学塾数所，是真士大夫对之而有愧色者也。人患无志，患不能以强毅之力行其志耳。"（《北京商业学校演说》）可以这样认为，张謇正是以强毅之力，行武训之志，为发展南通近代教育事业呕心沥血，直到生命的最后一息。

民国十三年（1924），张謇曾对自己兴办近代教育作过简略的回顾："吾通因世界之趋势，知文化必先教育，教育必先实业。于清光绪二十二年，即一千八百九十八（六）年，因南通棉产著名，首先创设大生纱厂。二十八年，创立师范学校，以为普及教育之基础。纺纱须棉，须增产棉地，乃创设通海垦牧公司。有棉产地，须讲求改良棉种及种法，又创设农业学校，此校亦在省立农校之前。纺纱须纺织专门人才，又设立纺织学校，此校为全国所仅有。又设商业学校。南通实业逐年发达，各省旅学于南通各校者亦逐年加多，乃注重卫生，设立医校及医院。更进而有图书馆，有博物苑，有气象台。此南通已成立之文化事业也。总计开办至今，除本省本县外，其他各省青年远道而来者，凡浙江、江西、安徽、福建、湖南、湖北、山东、山西、陕西、甘肃、云南、贵州、四川等十三省。现在各校已有之基产，计地十二万亩，及通海垦牧公司股本值银二十万元。"（《致美国政府请求以退还庚子赔款的拨补助南通文化教育事业基金意见书》）南通不过是中国 1700 余县中的一个普通的县，张謇以私人的力量使当地较早形成近代文化教育事业网络，并且吸引着国内外名流学者与青年学子，他当然有理由为此感到自豪。

张謇并不以此为满足，尽管晚年实业顿挫，仍然继续扶持南通教育事业的发展。民国九年（1920），他已经将医、纺、农三个专科学校合并为以后的南通大学。民国十三年（1924），他又向美国政府谋求以退还庚子赔款资助南通教育事业向高层次发展，包括完善南通大学农科设备，工科增设印染专业，水利交通添设河海工程，商业从中专提高为大学，文科分设哲学、经济、历史、地理四个专业等等。同时，他仍然极端注意普及国民教育。也是在这一年，他向前来南通参观的日本青年会宣布："南通现已有初级小学校三百余校，鄙人尚拟扩充至一千所以上。"直到民国十五年（1926）最后病倒之前，他还参加了南通女师范廿周年纪念并发表演说，又撰写了《女师范纪念小学校记》。他念念不忘于男女师范迄今尚无基产，特地购买沙田产权作为两校基金来源。他发现一个甘肃籍姓王的师范毕业生"资禀颖秀，惜根柢尚浅"，便亲自给予指点，教以如何好学深思，如何练习书法。六月间，也就是病逝前一个月，他还参加了南通全县童子军会操，并且发表演说："鄙今日希望于南通童子军者，即就童子军现有之规律，能切实做去，以养成将来军国民之人格，并非希望将采吾通出一督军、师长。"这竟仿佛是他留给青少年的恳挚遗言。

张謇由于在兴办实业的过程中深切体会到科学技术的重要，所以他非常重视培养和运用科技人才。欧战期间，他曾商请北京政府与江苏省政府，留下在华德国科技人员十几人，分任学校、工厂教授、技师及顾问，较好地利用了他们的知识才能。对于中国第一个科学社团——中国科学社，张謇更是关心备至。他再三商请江苏省政府给以房屋，提供社址与实验室，使之得以开展活动。民国九年（1920），中国科学社在南通举行第七届年会，张謇亲自致欢迎词，对这个科学社团寄予很高期望："矗矗诸子，今之先觉，知耻则奋，殚精科学。格物致知，相励以智，利用厚生，相程以事。假之时日，必集大成，东西一冶，同声同气。"（《中国科学社年会欢迎词》）年会闭幕之日，张謇又亲自发表送别演说，勉励科学家要面向社会，讲究社会效益，努力用科学方法研究社会心理与量度社会经济。

张謇认识到医药关系到国民的身体素质和健康，因此也极力谋求改良和发展。他主张引进西医学说以辅中医之不足，设立医校的宗旨也在于"沟通中西"。他还发起修订《中药经》以发明《本草》之学，其办法是集资十万元"聘吾国老于药业明于药学者三数人，按《本草》之适时用者，于各地求之。先延德密勒君（柏林大学药学教授）来华，就南通农科大学化验室，为化学分析之试验，得其定性定量。然后以所得之药，所验之表，寄往大学托姆斯君（亦为柏林大学药学教授），征验所得定性定量之异同。然后要求东西各国之药物学大家复验之，必举世之大同，而后定一物之真用，而后辨吾古说药性与气与味之确否，而后著录以成经。"以私人力量，用科学方法，想在三五年内修成一部新的中药典，在当时的历史条件下自然难以取得预期效果。不过张謇关于中西医相互沟通，以及首先加强中药的药理研究与药剂的规范化等主张，都是符合医药事业发展规律的。

张謇又非常注意国民体育锻炼。他所创办的各类各级学校，体育课均与其他学科并重，并且在南通先后建筑两处公共体育场。每逢全县开运动会，张謇必定亲自参加，并且发表演说给以评判。他对军事体育（当时称为营教练）特别重视，提倡民兵制度，期望能够逐步实现："民不畏兵，兵不侮民，兵与士相出入。是以军以礼而国有威，人可兵而士可将。"这当然是针对军阀割据、混战的痛苦现实而提出的改良主张。民国十一年（1922），他在南通中等以上学校联合运动会上发表演说，公开指责中国军队的腐败："我国海军，今日至不可说。陆军多至百五六十万，可与官兵者几人？言兵而不好小勇者几人？其为吾民祸，则人尽知之，厌祸乱者，日求弭兵而终不可弭。由是拥兵者无礼，任兵者无学。无礼无学，则丧无日。"他希望通过运动会上的"动作进退"，考察学生平日所受教育如何，自治精神如何，以及"不竞意气不好小勇"的器量如何。提倡体育运动的目的，仍在于从身体和精神两方面提高国民素质，这是他所主张的军国民教育的重要组成部分。

张謇对于发展社会教育（亦称民间教育）也花费了极大的精力。除公共体育场外，他创建了博物苑、图书馆、伶工学社、更俗剧场以及城南五公园、唐闸公园等。他殚精竭虑，孜孜不倦，希望能为南通居民提供一个优美而又富有教育寓意的社会环境。

南通博物苑是中国最早的博物馆之一，可以说是张謇的掌上明珠，也是南通地方自治经营者们的骄傲。

张謇创建博物苑，是由于参观日本东京帝国博物馆受到启发。访日归来以后，他曾上书张之洞，请求在京师建立帝室博物馆，并渐次推广于各行省。他指出："夫近今东西各邦，其所以为政治，学术参考之大部以补助于学校者，为图书馆，为博物苑。大而都畿，小而州邑，莫不高阁广场，罗列物品，古今咸备。"实际上，张謇并没有等待政府的倡导与支持。早在光绪三十年（1904），他就在通州师范学校校河对岸，迁荒冢千余并居民29户为基地，营建公共植物园，面积30余亩，这就是南通博物苑的前身。第二年，张謇在植物园的基础上开始规划与营建博物苑，并且为之书写楹联："设为庠序学校以教，多识鸟兽草木之名。"

张謇很善于用人，大生纱厂依靠沈敬夫、吴寄尘，垦牧公司依靠江导岷、章亮元，都是他的事业成功的重要因素。博物苑的主任，他选择了通州师范的优秀学生孙钺，此人在博物苑工作近三十年，勤勤恳恳，精益求精，可以说是把一生都奉献给博物馆事业。同时，张謇又绝不满足于仅仅是知人善任，他对各项事业创建经营的领导都相当深入细致，对于博物苑的构筑更是倾注了大量心血，完全不同于那些惯于说空话、瞎指挥的时髦官绅。

到民国三年（1914），经过十年辛苦营筑，博物苑已经建成天然（自然）、历史、教育、美术四部。此后历年有所扩充，到民国二十二年（1933）孙钺辞职清点移交，苑品已增至 3605 号，据说价值不下于 50 万元。私人办的一个县博物馆，能够达到这样的规模与水平，即使在今天看来，也是难能可贵。

把戏剧改良与社会进化联系起来，这也是张謇的高见卓识。早在民国七年（1918）他即打算训练京剧演员，曾对梅兰芳说："世界文明相见之幕方开，不自度量，欲广我国于世界，而以一县为之嚆矢。至改良社会文字，不及戏曲之捷；提倡美术工艺，不及戏曲之便，又可断言者。吾友当和区区之意，与世所谓征歌选舞不同，可奋袂而起助我之成也。"（《致梅浣华函》）他还询问培养合乎规格的戏曲演员，需要用何种训练方法以及场地、师资、时间、费用等等。只是由于梅兰芳感到培养戏曲演员困难甚多，而且又要到日本演出，此事才暂时搁置下来。

次年，梅兰芳访日归来。张謇又写信对他说："我国之社会不良极矣。社会苟不良，实业不昌，教育寡效，无可言者。而改良社会措手之处，以戏剧为近。欲从事于此已有年，而求之不得要领。鄙意大要：一地理历史正旧之谬证（误），一风俗人事正旧之卑劣粗恶。此言体也，用则一方订旧，一方启新。订旧从改正脚本始，启新从养成艺员始。"就在这一年，他邀请戏剧家欧阳予倩到南通创办伶工学社，同时又建造了更俗剧场，作为戏剧改良的开始。

关于伶工学社与更俗剧场，梅兰芳在《舞台生活四十年》第二集曾经有所记述："张四先生从上海招聘了欧阳先生去主持伶工学校和更俗剧场这两个有关戏剧的机构，就可以看出他在选才方面，是经过慎重考虑的。他常对我说：'中国的戏剧，尤其是昆曲，不但文学一部分有价值，传统的优秀演技，也应读把它发扬光大，这是我的意见，你们的责任了。'这一点跟我想提倡昆曲的初意，可说是不谋而合。所以他对我跟欧阳先生两个人的支持与勉励，是曾经给了我们很大帮助的。"

这年冬天，梅兰芳应邀来到南通，事后亦曾作过回忆："第二天我们先去参观伶工学校。校长先生领着我们到课堂、校舍、操场……各处去看。在那时的南方，这个科班的位置，是开风气之先、唯一的一个训练戏剧人才的学校。它在制度、教材方面，都采用了新的方法。如旧科班里的体罚习惯，他们已经废除不用了。课程方面，不单是注重戏剧，就是一般学校的国文、算术，也都照样的悉心教授。所以毕业的学生，在文学上的水准，并不算低。""关于戏剧的科目，是分皮簧、昆曲、武戏，……另外还设立一个管弦班，研究乐器，招收的学生共约七八十人。毕业出来的学生，我知道的如林秋雯、葛次江、姚雪涛、李金章、戴衍万。""那晚我就在更俗剧场演唱《玉堂春》。这剧场是新式的建筑，台上两面有场面楼，台下座位宽敞，一切装置和整理上，都能保持着整洁严肃的作风。场上不准站一个闲人，做到了净化场面的效果。"（梅兰芳：《舞台生活四十年》）

据南通老人回忆，欧阳予倩来南通后，努力改革旧戏，创造新腔，配置钢琴，聘用新式音乐教师，引进西洋交响乐。演出时，演员不用艺名，不跳加官，磕头不抛垫子，台上不喝茶，不用真刀真枪。观众不准吃瓜子，不准怪声叫好，不准随便扔瓜子壳、果皮，也不准茶房任意丢毛巾。这些

张謇与梅兰芳在南通合影

改革确实为戏剧界带来了新的风气与新的活力。张謇对欧阳予倩与梅兰芳在艺术上的造诣评价很高，特地在剧场建梅欧阁，并刊印《梅欧阁诗录》以示奖掖。梅兰芳对于张謇的关切亦永志不忘，直至晚年他还感动地说："这是他（指张謇）有意用这种方法来鼓励后辈，要我们为艺术而奋斗。我这三十年来始终站在自己的岗位上，认真苦干，受我的几位老朋友的影响是很大的。"

张謇推崇梅、欧不同于一般达官贵人庸俗的捧场"或杂以猥下亵视之意"。他是艺术家的知音，而且自己也曾对戏剧以至音乐、舞蹈作过某些研究。

因此，南通对于戏剧家们具有很大的吸引力，除梅兰芳、欧阳予倩以外，姜妙香、程砚秋、姚玉芙、朱素云、谭富英等著名演员或后起之秀，均曾在更俗剧场献艺，并且以得到张四先生的评论与墨宝为荣耀。

沈寿与女工传习所学员合影

    张謇对于刺绣工艺美术的关心与扶植，也应该给以很高的评价。

    早在宣统元年（1909），为筹备南洋劝业会，张謇负责主持审查展品。当时，湘、鲁、江、浙绣品云集，商部派绣工科总教习吴县沈寿前来参与审查。沈寿带来自己的佳作意大利皇后像，精美绝伦，展出后得到国内外一致好评。沈寿在审查工作中认真负责，挑选精核，作风严谨。张謇对之极为推重，次年即送女生赴京从沈寿学艺。辛亥革命以后，绣工科罢散，沈寿在天津以教绣为生。张謇恐怕她的高超技艺失传，便在南通女子师范学校附设绣工科，聘请沈寿为主任。民国九年（1920），又另行建成绣织局与女工传习所，仍由沈寿主持其事。

    沈寿精于绣术，堪称一代大师，而在学校教授管理均极严谨，南通妇女入学者甚多，成绩颇为卓著。但是她体弱多病，张謇借宅供她养病。又"惧其艺之不传而事之无终"，乘她病况稍有好转时，由她口授张謇笔录，"审思详语，为类别而记之，日或一二条，或二三日而竟一条。次为程以疏其可传之法，别为题以括其不可传之意。语欲凡女子之易晓也，不务求深；

术欲凡学绣之有征也，不敢涉诞"。（《绣谱》自序）花了好几个月的时间，终于写成《绣谱》一书。张謇曾经感叹于"莽莽中国独缺工艺之书耳"，《绣谱》的撰写，在一定程度上弥补了这个缺憾。

沈寿不幸病逝于民国十年（1921）6月。张謇根据她的遗言，为之公葬于黄泥山东南麓，墓碑书曰"美术家吴县沈女士寿之墓"。沈寿以病弱之躯在南通执教八年，学员结业者150余人，其中优异人才有九人，沈派天香阁绣法得以流传。她自己创作的珍品甚多，曾在意大利都朗博览会、美国旧金山博览会得到"卓绝大奖"，为祖国赢得了荣誉。

张謇的一生是勤劳的一生。他的精力固然是有限度的，但他的追求却是无止境的。直至民国十五年（1926），他已是73岁的高龄，在他的生命的最后几个月中，工作仍然是忙碌的。

他的最后一次演说，是在全县童子军会操开幕式上的讲话，勉励少年儿童养成将来军国民之人格。他还为此次会操题词，勖词是陆象山的话："夫子曰：吾十有五而志于学。今千百年无一人有志，是怪他不得。志个甚的？须是先有知识，然后有志愿。"这竟仿佛是他留给后世的遗言。

张謇从8月1日起感到遍体发烧，但第二天清早他还是偕同工程师视察江堤，规划保坍工程。7日，病势渐重，才开始请医生诊治。21日以后，病情更加危急。24日中午，这位为发展近代实业、教育奋斗了一生的老人，终于最后闭上了眼睛。他在临终之际没有任何言语，事先也没有留下任何遗嘱。

张謇年谱简编

1853 年　1 岁

五月二十五日卯时生于江苏海门常乐镇。

1856 年　4 岁

父亲（彭年）教读《千字文》。

1857 年　5 岁

从海门邱大璋读书，命名吴起元。

1858 至 1863 年　6 至 11 岁

仍从邱大璋读书。

1864 年　12 岁

延西亭宋效祁在家授读。

1865 年　13 岁

读完《论语》《孟子》《诗经》《尚书》《周易》《孝经》《尔雅》。始习试帖、制艺。

1866 年　14 岁

读《礼记》《春秋左传》，制艺成篇。后因宋效祁病卒，至西亭从宋琳读书。

1867 年　15 岁

仍从学于西亭。

1868 年　16 岁

仍从学于西亭。冒籍如皋张氏，改名张育才。应如皋县、州、院试皆中，取附学生员。

1869 年　17 岁

仍从学于西亭。

1870 年　18 岁

仍从学于西亭。科试一等十六名，乡试未中。冬，订婚海门徐氏。

1871 年　19 岁

从海门训导赵彭渊学，读桐城方氏所选四书文、朱子四书大全及宋儒书。院试取录。十月，自行检举冒籍事，请褫衣顶归原籍。

1872 年　20 岁

仍从赵彭渊学，读《通鉴》。因冒籍事几经周折，一岁殆无宁日。

1873 年　21 岁

仍从赵彭渊学，读《三国志》、方望溪集、姚惜抱集。冒籍事了结，以如皋生员归通州原籍。

1874 年　22 岁

应孙云锦邀，任江宁发审局书记。十月，岁试，取一等四名，经古五名，补增广生。十二月，与徐氏结婚。

1875 年　23 岁

八月，应恩科乡试未中。

1876 年　24 岁

四月，应科试，经古制艺正复四场皆第一，补廪膳生。闰五月，至浦口，入吴长庆幕。乡试未中。典质度岁。

1877 年　25 岁

仍在吴长庆幕。九月，岁试经古制艺正复四场皆第一。十一月，具呈学官，改名謇，字季直。

1878 年　26 岁

仍在吴长庆幕。

1879年 27岁

仍在吴长庆幕。正月,协助吴长庆督兵开朱家山河。五月,应科试,经古制艺正复四场皆第一,优行试亦第。七月,应总督、巡抚、学院三院会考优行生试,取第一。乡试不中。

1880年 28岁

仍在庆军幕府。四月,随吴长庆陛见。五月,在京师与袁昶、张华奎结交。是年冬,随吴长庆移驻山东登州、黄县。

1881年 29岁

仍在登州军幕。曾随吴长庆至济南,与巡抚商海防事。四月,为袁世凯正制艺。

1882年 30岁

仍在登州军幕。六月,吴长庆奉命督师援朝,謇为之理画前敌军事。七月,随庆军赴朝。著《壬午东征事略》《乘时规复流虬策》《朝鲜善后六策》。

1883年 31岁

仍在汉城庆军幕府。八月,叔史督至汉城军中。十一月,与沈燮均办理通海花布减捐。

1884年 32岁

正月,办理通海滨海渔团。闰五月,吴长庆病卒。七月,謇归通州。辞直、粤李、张二督招请。

1885年 33岁

三月,至江宁为孙云锦襄校府试卷。四月,至京师,始与盛昱、黄绍箕、沈曾植、梁鼎芬等结交。六月,国子监考到,取第一名,录取第四名。应顺天乡试。九月,听录,中第二。潘祖荫、翁同龢命为《乡试录》前、后。

1886年 34岁

会试不中。五月,南归,为乡里兴蚕桑。

1887 年　35 岁

仍在乡里兴蚕桑。五月，随孙云锦赴开封府任。八月，郑州黄河决口，协助孙云锦查灾。九月，河南巡抚倪文蔚属为主河工计划，草拟《疏塞大纲》。十一月，南旋。

1888 年　36 岁

三月，长赣榆选青书院，兼修县志。恢复海门溥善堂。

1889 年　37 岁

正月，会试不中。九月始与山阴汤寿潜结交。是岁著《棉谱》，辑《志例》。

1890 年　38 岁

二月，会试不中。

1891 年　39 岁

至东台校县试卷，修《东台县志》。著《周易音训句读》。

1892 年　40 岁

会试不中，乃尽屏试具。十二月，营柳西草堂。

1893 年　41 岁

长崇明瀛州书院。

1894 年　42 岁

二月，恩科会试，中一甲一名进士，授翰林院修撰。九月，疏劾李鸿章战不备，败和局。父丧南归。

1895 年　43 岁

总办通海团练。十月，列名开上海强学会。十二月，应张之洞聘，长江宁文正书院。为通海花布商议办认捐。

1896 年　44 岁

二月，至江宁，主持文正书院。又应兼安徽巡抚沈秉成之聘，任安庆经古书院院长。三月，与刘坤一议办通州纱厂。

1897 年　45 岁

长文正书院。三月，至武昌，与张之洞议纱厂事。十一月，定《厂约》。

1898 年　46 岁

仍长文正书院。三月，大生纱厂兴工，为刘坤一修改《开垦海门荒滩奏略》。四月，为翁同龢起草大学堂办法。七月，任江苏商务局总理。

1899 年　47 岁

仍长文正书院，任学部咨议。四月，大生纱厂开车出纱。

1900 年　48 岁

仍长文正书院。五月，筹议东南互保。闰八月，筹建通海垦牧公司开工。

1901 年　49 岁

二月，作《变法平议》。三月，辞文正书院。七月，为刘坤一订初高等两级小学、中学课程。十一月，通海垦牧公司开工。

1902 年　50 岁

五月，订垦牧公司《招佃章程》，筹建通州师范学校。九月，作《中国师范学校平议》。

1903 年　51 岁

四月，师范学校开学。赴日本参观大阪博览会。七月，筹建吕四盐业公司、渔业公司。

1904 年　52 岁

三月，任商部头等顾问。四月，为张之洞、魏光焘起草请求立宪奏稿。六月，刻印《日本宪法》。筹建上海大达轮步公司。七月，筹建大生二厂。

1905 年　53 岁

二月，任上海震旦学院院董。八月，任江苏教育会会长。十一月，创建南通博物苑。

1906 年　54 岁

创建吴淞商船学校。闰四月，任苏省铁路公司协理。创设通州法政讲习会。十一月发起成立预备立宪公会。

1907 年　55 岁

四月，参与创设中国公学。七月，大生一厂举行第一次股东会。

1908 年　56 岁

五月，奉旨筹备江苏咨议局。

1909 年　57 岁

八月，江苏咨议局开会，当选为议长。发起国会请愿运动。九月，被推为中国图书公司总理。

1910 年　58 岁

二月，江宁举办南洋劝业会，议设劝业研究会。六月议设全国农业联合会。十月，在上海与美国商团大赉等讨论中美合营实业。

1911 年　59 岁

四月，被推为沪汉粤津商会代表，赴京陈请报聘美国。五月，至汉口议租纱布丝麻四厂。入京，觐见摄政王。六月，去东三省考察。主持中央教育会会议。八月，去鄂，参加大维纱厂开工典礼。九月，辞农工商大臣、东南宣慰使。十月，任江苏两淮盐政总理。十一月，参与创设中华民国联合会、统一党，任南京临时政府实业部总长。十二月，辞实业总长。

1912 年　60 岁

三月，参与创设共和党。六月，创建盲哑学校。八月，在北京见袁世凯，陈说改革盐法。十一月，任导淮督办。

1913 年　61 岁

正月，营筑军山气象台。三月，调解宋案。九月，入京，任农商部总长。十一月，任全国水利局总裁。

1914 年　62 岁

二月，组织游美报聘实业团，参加旧金山博览会。四月，与荷兰工程师勘察淮河。八月，创设河海工科专校。

1915 年　63 岁

二月，辞农商总长。十一月辞水利局总裁并参政职。

1916 年　64 岁

五月，被举为中国银行股东联合会会长。十一月，盲哑学校、气象台开幕。

1917 年　65 岁

四月，图书馆落成开幕。七月，公园落成并作歌。

1918 年　66 岁

十月，电陆征祥嘱于和会提出修改税法及撤销领事裁判权。十一月，主张国际税法平等会在沪成立，被推为会长。撰《绣谱》。

1919 年　67 岁

正月，北京组织国际联盟同志会，被推为理事。六月，任运河督办。筹建更俗剧场、大生三厂。八月，伶工学校落成。十一月，淮海实业银行通总行开幕。梅欧阁落成。

1920 年　68 岁

二月，组织苏社。八月，绣织局与女工传习所同时落成。十二月，任吴淞商埠局督办。

1921 年　69 岁

正月，自常乐试行汽车至南通。二月，检旧存文字，订为《九录》。七月，中日菲远东运动会推任名誉会长。八月，运河救灾。十一月，至沪参加国是会议。

1922 年　70 岁

五月，主持南通中等学校联合运动会。

1923 年　71 岁

二月，自订七十年《年谱》。四月，通州师范学校开二十周年纪念会，发表演说。大生纱厂股东会，面临大厄。

1924 年　72 岁

四月，各公司开董事会，应付危机。参加全县高小联合运动会。八月，江浙战争，典衣捐二千救济江南灾民。

1925 年　73 岁

三月，开会追悼孙中山，发表演说。四月，视察垦牧公司。六月，各校暑期讲习会开会，发表演说。

1926 年　74 岁

二月，购沙田作为男女师范基产。三月，参加女子师范学校二十周年纪念会，发表演说。五月，视察南通保坍工程。七月十七日，病逝。